¡REBELDES, ÚNANSE!

CONSTRUIR UNA REBELIÓN POSITIVA

CREAR NUEVOS FUTUROS EDUCATIVOS

John W. Moravec

Para Victoria y Elena

para que encuentren su propio camino y construyan, con valentía, los futuros que quieran habitar.

Contents

Agradecimientos

Manifesto 25 y este libro nunca fueron proyectos solitarios. Desde los primeros borradores del primer declaración hasta este libro complementario, creció a través de la conversación, la crítica, el estímulo y la generosidad de amigos y colegas de todo el mundo. Estoy agradecido a todas las personas que aportaron su voz y me impulsaron a reflexionar más profundamente sobre lo que la educación podría y debería llegar a ser.

Agradezco a Gustavo Andrade, Chris Bagley, Constanze Beyer, Paola Boccia, Edwin De Bree, Vivian Breucker, Alexandra Castro Ferrada, María Mercedes Civarolo, Cristóbal Cobo, Antonio L. Delgado Pérez, Claudia Dikmans, Albus Duc Hoang, Kristina House, Silvia Enriquez, Tomas C. Ferber, Richard Fransham, Gustavo Garcia Lutz, Peter Gray, Christel Hartkamp, Pekka Ihanainen, Marcel Kampman, Bob Kartous, Kateřina Kolínková, Kamila Koutná, Florian Kretzschmar, Nicola Kriesel, Luis R. Lara, Diego Leal, Carlos Lizárraga Celaya, María Cristina Martínez-Bravo, Juraj Mazák, Alejandra Mendoza Garza, Farid Mokhtar Noriega, María Mercedes Moravec, Daniel Navarrete, Varlei Xavier Nogueira, Alejandro Núñez Urquijo, Hugo Pardo Kuklinski, Alejandro Pisanty, Lucas Potenza, Noemi Pulido, Luis Napoleón Quintanilla, Dinant Roode, Javier José Simon, Alison Snieckus, Max Ugaz, Paloma Valdivia Vizarreta, David Vidal, Evangelos Vlachakis, Tim Weinert, Monika Wernz y Alex Wiedemann.

Este libro lleva sus huellas. Es más fuerte, más agudo y más esperanzador gracias a las ideas, dudas y valentía que compartieron. Gracias por acompañarme mientras imaginamos y construimos mejores futuros para la educación.

Un agradecimiento especial a Martine Eyzenga, quien dio vida visual al libro y un hogar en estas páginas.

Y gracias a ti, lector. El futuro no está predeterminado. *Manifesto 25* no es un guion, sino una invitación a sumarse a una visión y un lenguaje compartidos para construir nuevos futuros. Lo que viene después depende de cómo actúes, cuestiones y crees en tu propio contexto. Este manifiesto cambiará a medida que lo hagas tuyo, lo pongas a prueba, lo reformules y lo lleves a lugares a los que yo no podría llegar solo. Recuperar la educación nos pertenece a todos, y su historia se desarrolla a través de lo que elijas hacer.

Prefacio

Nada es más político que la educación. Al igual que la política, se encuentra en un punto de quiebre. Las viejas garantías de que la escuela abriría puertas, aseguraría movilidad y prepararía a las personas para el futuro se están desmoronando en tiempo real. Las instituciones construidas sobre esas promesas se tensan bajo sus propias contradicciones. Las aulas siguen llenas. Los títulos siguen fluyendo. Las ceremonias continúan como siempre, mientras el significado que las sostiene se debilita. La confianza pública en la educación como camino hacia el progreso se erosiona mes a mes. Enfrentamos una paradoja evidente. Nunca antes tantas personas en el mundo habían buscado una escolarización formal, y nunca su valor se había sentido tan incierto. Los algoritmos reconfiguran la frontera entre el hecho y la ficción. El auge del poder autoritario restringe lo que las personas pueden decir o hacer. La sombra se extiende a la vida cotidiana, más allá de la abstracción.

Las grietas son fáciles de ver. El modelo de escuela-fábrica, producto de la modernidad industrial, moldeó la educación para satisfacer las necesidades de las burocracias y las líneas de ensamblaje. La línea de ensamblaje industrial persiste en los grupos por edad, las campanas que dictan el inicio y fin del pensamiento, y los planes de estudio estandarizados que tratan a los docentes como mecanismos de entrega. Los estudiantes se adaptan a las rutinas institucionales, mientras que las instituciones rara vez se adaptan a los estudiantes. La clasificación, el cumplimiento y la eficiencia eclipsan la indagación. El currículo se reduce a listas de verificación. Los jóvenes aprenden a manipular el sistema para obtener calificaciones y credenciales, incluso cuando el aprendizaje real es escaso. Muchos aprenden a ocultar la curiosidad para sobrevivir.

El contrato social que alguna vez animó este sistema se ha roto. La promesa de "trabaja duro, logra y asegura una jubilación feliz" ya no corresponde a las realidades vividas. Los graduados enfrentan mercados laborales precarios, costos crecientes y una desigualdad cada vez mayor. Las credenciales funcionan menos como puertas de entrada que como filtros costosos. Mientras tanto, las instituciones prolongan el estudio y la deuda no para apoyar el crecimiento, sino para retrasar el ajuste de cuentas con economías incapaces de absorber a los graduados que producen. El sistema se sostiene prometiendo más de lo que entrega y monetizando esa brecha.

Esta es una crisis cultural tanto como económica. Los rituales de las clases magistrales, los exámenes y las graduaciones pueden sentirse como teatro cuando los resultados no cumplen las expectativas. Las familias presionan a los niños para que tengan éxito por miedo y no por confianza. Incluso quienes sobresalen según las medidas institucionales suelen describir una falta de alineación entre lo que aprendieron y las realidades que enfrentan. La confianza se erosiona en las escuelas, en el liderazgo y en la propia idea de la educación como bien público.

En este vacío, la política autoritaria prospera. El poder prueba hasta dónde puede llegar antes de que la gente se rebele. Lo vemos ahora, mientras escribo, en Minneapolis, donde la fuerza federal se enfrenta a la resistencia vecinal con armas, vigilancia e intimidación. Desde esta ciudad hacia muchas otras, la marcha lejos de la libertad se extiende. Las escuelas son arrastradas a guerras culturales. El poder ejecutivo unitario define qué temas son permitidos. Los libros de texto son desinfectados. Las bibliotecas enfrentan campañas de censura. Se vigila a los docentes. La disidencia es castigada. La retórica de restaurar la disciplina, volver a los estándares y proteger a los niños suena protectora, pero asfixia porque se utiliza como arma contra los niños. La indagación se convierte en deslealtad. La complejidad se vuelve una amenaza. El aula se convierte en un escenario de control político, no en un espacio para el pensamiento.

EL ANCLA MORAL:
CUANDO LAS PERSONAS RESISTEN, LOS HÁBITOS APRENDIDOS EN LAS AULAS DECIDEN SI ACEPTAN O SE SOLIDARIZAN CON SUS VECINOS.

Por supuesto, escribo desde un lugar y una historia, consciente de que otras regiones llegaron a esta crisis por caminos diferentes, a través de la extracción colonial, la exclusión lingüística y el acceso desigual al poder. Sin embargo, las luchas por el poder y las herramientas utilizadas para moldear el aprendizaje resuenan en todas las culturas.

Las presiones existentes se intensifican, y su ritmo y alcance superan toda respuesta conocida. La inteligencia artificial y las tecnologías asociadas transforman el conocimiento, el trabajo y la interacción humana, pero las escuelas responden mecanizando hábitos que ya han fracasado. Las plataformas vendidas como innovación clasifican a los estudiantes, monitorean la atención y predicen el comportamiento con una precisión que ninguna persona debería ejercer. Los algoritmos imponen obediencia sin vías de apelación. La instrucción cambia poco; el aparato de control se acelera exponencialmente con el poder computacional.

Este fracaso es peligroso. Las tecnologías, especialmente la IA, no están construidas para servir a la educación; están diseñadas para servir a los mercados y a los intereses de unos pocos propietarios. Pueden reforzar sesgos, expandir la vigilancia y mercantilizar los datos estudiantiles. Cuando las instituciones resisten la adaptación, convierten a los estudiantes en fuentes de datos y material de entrenamiento para plataformas que no controlan. La obsolescencia y la explotación se convierten en características del sistema, no en consecuencias. El desafío no es adaptar la IA a la escolarización existente, sino reimaginar la educación a la luz de lo que estas tecnologías significan para el aprendizaje, la agencia y los futuros humanos.

Mientras tanto, las crisis a nivel planetario exigen nuevas formas de aprendizaje para enfrentar dilemas emergentes. La alteración climática, las pandemias, el desplazamiento masivo y la gobernanza algorítmica son amenazas presentes. Sin embargo, la educación a menudo procede como si el futuro fuera a reflejar el pasado, actualizado con nuevos dispositivos. Los estudiantes que desean prepararse para el mañana se encuentran, en cambio, con soluciones del ayer, desprovistas de relevancia. Los caminos cuidadosamente programados hacia el logro fracasan cuando los estudiantes y las instituciones se enfrentan a la verdadera complejidad.

Cuando el aprendizaje se reduce a la adoctrinación, la búsqueda de la verdad cede ante la preservación del poder. Los estudiantes reciben órdenes en lugar de agencia y libertad. Las universidades, también, corren el riesgo de guardar silencio cuando las presiones reputacionales o financieras pesan más que la libertad académica. Cuando la curiosidad y el coraje dejan de ser fomentados, la vida cívica se reduce y el potencial de autorrealización disminuye.

Esto plantea una pregunta central: *¿para qué sirve la educación, si no puede preparar a las personas para defender la verdad, la dignidad y la capacidad de prosperar juntos en este siglo?* Añadir cursos, incorporar dispositivos o externalizar la dirección a los mercados no resuelve los problemas estructurales. Estas respuestas mantienen a las instituciones funcionando con soporte vital mientras impiden la renovación.

Este libro estuvo a punto de titularse *No hay esperanza sin acción*, después de largas conversaciones sobre lo que realmente significa la "esperanza". Nietzsche (1996) llamó a la *esperanza* el mal más cruel, dejado en la jarra de Pandora para prolongar el tormento humano. Paulo Freire (1994) respondió con la *esperanza crítica*, una esperanza ligada a la lucha y la práctica en lugar de la espera pasiva. Erich Fromm (1992) describió la esperanza como una orientación activa, una disposición interna hacia lo posible que resiste la pasividad e insiste en el compromiso. Entre estas visiones se encuentra nuestra preocupación: la esperanza puede sostenernos, pero sin acción se convierte en una excusa para mantener el *statu quo*.

En momentos como este, la acción no puede permanecer dentro de los límites. Las instituciones entrenadas en la obediencia tratan la disidencia como un defecto y la llaman orden. Absorben la crítica educada y luego continúan como antes. Si la educación va a servir a la dignidad, la verdad y la autodeterminación, debemos rechazar las prácticas que entrenan la obediencia y construir otras nuevas en público. *Necesitamos una rebelión positiva.*

Así, el título de este libro nos orienta hacia una respuesta a esa pregunta con una orientación y un método. *Construir una rebelión positiva* se refiere a una negativa disciplinada a las prácticas que dañan, limitan o incapacitan a las personas, junto con el trabajo de construir mejores opciones a la vista del público, donde los estudiantes, las familias y las comunidades puedan verlas, moldearlas y exigirles rendición de cuentas. *Positiva* significa constructiva, fundamentada y responsable ante los estudiantes y las comunidades. *Crear nuevos futuros educativos* utiliza el plural de "futuro" a propósito, porque los contextos difieren y ningún modelo único debe reclamar autoridad universal. No podemos conocer el futuro con certeza, pero sí podemos elegir lo que nos guía mientras construimos nuestros mejores futuros.

Y sin embargo, la esperanza perdura. Las personas se aferran a la educación porque aún creen en su promesa más profunda: una práctica compartida de construcción de significado, desarrollo de capacidades y creación conjunta de futuros. Ninguna otra institución goza de tanta confianza. La pregunta es si esta promesa puede recuperarse antes de que las contradicciones del viejo modelo provoquen el colapso.

Identificar el problema es el primer paso. Como se señaló al inicio de este prefacio, la educación es política. Produce desigualdad mientras promete movilidad. Promueve la innovación mientras se aferra a paradigmas heredados. Invoca la libertad mientras impone la obediencia. Los ajustes superficiales no pueden resolver estas tensiones. La educación debe ser rediseñada para centrar la experiencia vivida, cultivar la agencia y responder a las demandas de este siglo.

El rediseño también requiere una nueva relación con el conocimiento. La información puede almacenarse. El conocimiento surge cuando las personas construyen significado y actúan en consecuencia. Los sistemas que premian la memorización por encima de la comprensión colapsan estos niveles en uno solo. El remedio no es bajar los estándares, sino trasladar el rigor a otro lugar: hacer preguntas reales, enfrentarse a la incertidumbre, poner a prueba modelos, publicar trabajos que importen y revisar en público. El rigor debe estar basado en la evidencia, pero la evidencia debe reflejar el aprendizaje auténtico (por ejemplo, presentaciones, prototipos, portafolios, impacto), no métricas estrechas.

La tecnología debe formar parte de este rediseño, pero con propósito. Las herramientas amplían las capacidades humanas cuando apoyan la modelización, el diseño, la colaboración, la creación y el juicio. Distraen cuando automatizan el juicio, premian el espectáculo o vigilan sin confianza.

La equidad, la ciudadanía planetaria y las realidades ecológicas deben incorporarse en la educación. Los sistemas que reproducen brechas previsibles por clase, raza, género, idioma o geografía lo hacen por diseño. Reparar requiere rediseñar: dirigir recursos a los lugares de daño, amplificar el conocimiento marginado, guiar la admisión y la asignación, involucrar a las familias y medir la pertenencia y el crecimiento en lugar del rendimiento.

Las culturas de miedo y control silencian a los estudiantes. Las culturas de confianza permiten asumir riesgos. En instituciones orientadas a la confianza, romper reglas se convierte en una disciplina, no en un reflejo. Algunas reglas protegen la equidad o la seguridad. Otras persisten para mantener hábitos que ya no sirven al aprendizaje. Romper una regla de manera responsable requiere nombrar el propósito que alguna vez sirvió, el daño que ahora causa y el estándar que la reemplazará.

El *Manifesto 25* emergió como advertencia y llamado a la acción. Convoca a oponerse a la arquitectura del miedo, la ansiedad y la desconfianza que a menudo se esconde tras la estandarización, la obediencia y el credencialismo. El manifiesto contiene veinticinco principios para repensar la educación en un mundo marcado por la alteración ecológica, tecnologías aceleradas, desigualdades crecientes y autoritarismo en aumento. Estos principios ofrecen bases para construir mejores futuros, especialmente en lugares donde el derecho a la autodeterminación está en disputa. Afirman que el aprendizaje es un derecho humano, que la dignidad y la agencia son requisitos para el crecimiento, que la tecnología debe servir a fines humanos y planetarios, y que la equidad y la responsabilidad compartida son esenciales para nuestro bienestar. Juntos, ofrecen un punto de referencia para juzgar si la educación responde a las demandas de este siglo o retrocede hacia los hábitos del siglo anterior.

El objetivo de *Manifesto 25* no es prescribir soluciones uniformes, sino anclar una orientación compartida: principios que las comunidades puedan adaptar, debatir y desarrollar en sus propios contextos. Si no podemos conocer el futuro con certeza, aún podemos acordar qué debe guiarnos al diseñarlo. Sin esa orientación, la educación se rezaga cada vez más, tapando crisis en lugar de prepararnos para enfrentarlas. Con ella, tenemos una brújula para la renovación.

Este libro es un complemento de *Manifesto 25*. Cada capítulo explora un principio en mayor profundidad, lo conecta con buenas prácticas y ofrece orientación para la acción. Estos capítulos están concebidos para una lectura no secuencial, de modo que puedas entrar donde el contenido se encuentre con tu contexto; al recorrerlos, encontrarás ideas recurrentes que se acumulan, se afinan y ponen a prueba los mismos principios desde distintos ángulos.

Entretejidos a lo largo del texto se encuentran dos *intermezzos*: uno recoge las voces de jóvenes que enfrentan el cumplimiento en un mundo que exige agencia; el otro reúne reflexiones de signatarios sobre dónde se defiende o restringe la libertad de aprender. Junto a estos, aparecen *cahiers* (como los *Cahiers de Doléances* de la Revolución Francesa), cuadernos de ideas, quejas y experimentos, que funcionan como espacios de testimonio, crítica y diseño, extendiendo la conversación más allá del texto y hacia la experiencia vivida. La estructura nos mantiene cerca de los principios, permitiendo que la práctica y la reflexión respondan.

Este libro no es un guion. Ofrece herramientas y provocaciones. Utiliza lo que te ayude. Deja de lado lo que no. Añade lo que requiera tu contexto. El manifiesto exige elecciones, no obediencia ciega. ¿Qué defenderás? ¿Qué retirarás? ¿Dónde construirás?

Las grietas en el viejo orden son inconfundibles. Si colapsan en fracaso o se abren hacia la renovación depende de las decisiones que se tomen ahora, en escuelas y ministerios, en familias y vecindarios, en aulas y consejos. Si la educación continúa gestionando apariencias, seguirá perdiendo confianza. Si se orienta hacia la agencia, el sentido, la equidad y el cuidado planetario, puede volver a ser lo que las personas creen que debe ser: una práctica de libertad, un arte de construir futuros y un lugar donde se aprende el coraje y donde la rebeldía se convierte en una forma de amor.

John W. Moravec
Minneapolis, Minnesota
Abril de 2026

CONSTRUYAMOS UNA REBELIÓN POSITIVA.

INTERACTÚA CON
MANIFESTO25.ORG

Manifesto 25: Un marco para una rebelión positiva en la educación

1 de enero de 2025

Nuestros sistemas educativos están fracasando en dar respuesta a las necesidades de un mundo en rápida transformación. Diseñados para resolver problemas del pasado, perpetúan desigualdades, sofocan la creatividad y no preparan a los aprendices para enfrentar la complejidad e incertidumbre de hoy y mañana. Hace diez años, el *Manifesto 15* llamó a tomar medidas audaces para reimaginar el aprendizaje en un mundo cambiante. Desde entonces, la retórica ha crecido, pero los avances han sido escasos. Las filosofías heredadas siguen sin responder a las demandas de nuestro presente y futuro.

Este documento presenta un marco, a través de una serie de principios, para abordar la inercia y complacencia que han limitado el crecimiento de los aprendices. Buscamos desmantelar paradigmas obsoletos, desafiar estructuras de poder arraigadas y abordar los problemas sistémicos que perpetúan inequidades, limitan el potencial y sofocan la creatividad. Nuestro objetivo es inspirar la creación de ecosistemas dinámicos, inclusivos y centrados en los aprendices que permitan a *todos* prosperar como participantes plenos en un mundo interconectado.

La esperanza no es suficiente. La acción debe reemplazar la retórica. Esperar reformas y mantener conversaciones educadas no puede atender la urgencia de este momento. Este documento es un llamado a una *rebelión positiva*. Nos insta a colaborar para desmantelar paradigmas obsoletos, crear otros nuevos y co-diseñar un sistema educativo que sirva a todos los aprendices, libere el potencial humano y nos prepare no solo para sobrevivir, sino para prosperar en un mundo inimaginable. Esto comienza cuando nos unimos para empoderar a los aprendices en el centro del proceso.

Nuestro camino hacia adelante requiere valentía, creatividad y comunidad. Debemos reimaginar la educación como una fuerza dinámica que equipe a cada aprendiz para construir un mundo próspero, equitativo y sostenible.

LO QUE HEMOS APRENDIDO HASTA AHORA

1. **"El futuro ya está aquí—solo que no está distribuido de manera equitativa" (William Gibson, citado en Gladstone, 1998).**
   El campo de la educación se queda atrás porque se enfoca en el pasado en lugar del futuro. Enseñamos la historia de la literatura pero ignoramos el futuro de la narración. Destacamos conceptos matemáticos tradicionales pero descuidamos la creación de nuevas matemáticas para moldear el mañana. Lo que se considera "revolucionario" en educación ya ha ocurrido de manera fragmentada y localizada. Para lograr un cambio significativo, debemos aprender de estos esfuerzos dispersos, compartir experiencias y asumir los riesgos necesarios para abrazar un enfoque prospectivo en nuestra práctica.

2. **Las escuelas 1.0 no pueden enseñar a niños 3.0, 4.0, 5.0...**
   Las escuelas diseñadas para la era industrial no pueden satisfacer las necesidades de una era digital e interconectada. Necesitamos redefinir y construir una comprensión clara de *para qué* educamos, *por qué* lo hacemos y *a quién* sirven nuestros sistemas educativos. La educación obligatoria convencional se basa en un modelo del siglo XIX destinado a formar ciudadanos con el potencial para convertirse en operarios y burócratas obedientes. En una era posindustrial y digital, este ya no debe

ser el objetivo final de la educación. Debemos apoyar a los aprendices para que se conviertan en innovadores, capaces de aprovechar su imaginación y creatividad para lograr nuevos resultados para la sociedad. Hacemos esto porque los desafíos de hoy no pueden resolverse con ideas antiguas. Y todos somos co-responsables de crear futuros con resultados positivos que beneficien a todas las personas del mundo.

3. **Los niños también son personas.**
Todos los estudiantes deben ser tratados y respetados como seres humanos con derechos y responsabilidades universales reconocidos. Esto significa que los estudiantes deben tener una participación activa en las decisiones relacionadas con su aprendizaje, incluyendo cómo se gestionan sus escuelas, cómo y cuándo aprenden, y todas las otras áreas de su vida cotidiana. Esta es inclusión en un sentido real. Los estudiantes de todas las edades deben tener la libertad de buscar oportunidades y enfoques educativos apropiados para ellos, siempre que sus decisiones no limiten las libertades de los demás para hacer lo mismo (adaptado de EUDEC, 2023).

4. **Las escuelas deben ser refugios de seguridad y respeto extraordinarios.**
La inteligencia socio-emocional y relacional debe estar en el centr—más allá de las calificaciones y los conceptos académicos estrictos—fomentando la empatía, la autoconciencia y la resolución constructiva de conflictos. La oportunidad de ser vulnerables en un espacio seguro, permite conexiones genuinas y auténticas con los demás y con uno mismo. De este modo, las escuelas establecen la base interpersonal que los estudiantes necesitan para navegar perspectivas diversas y prosperar en un mundo interconectado. Estas inteligencias no son opcionales; son el pilar fundamental del crecimiento personal y del progreso colectivo.

5. **El aprendizaje auténtico surge de la libertad, no de ser empujado hacia un camino predeterminado.**
   El modelo tradicional jerárquico de maestro-alumno reprime la curiosidad y erosiona la motivación intrínseca, reduciendo el aprendizaje a ejercicios de cumplimiento. En su lugar, debemos adoptar enfoques colaborativos y horizontales que valoren el aprendizaje entre pares, la enseñanza compartida y la responsabilidad distribuida. Los educadores deben crear entornos donde los estudiantes puedan decidir cuándo y cómo dar sus saltos, sabiendo que el fracaso no es un punto final, sino un paso natural en el proceso de aprendizaje. Fallar es una parte esencial del aprendizaje, donde siempre podemos volver a intentarlo. En un entorno de aprendizaje horizontal, el rol del maestro es ayudar a garantizar que el aprendiz tome decisiones equilibradas. Fallar es parte del camino del aprendizaje, pero crear fracasos no lo es.

6. **Aprender juntos, enseñar juntos.**
   La educación prospera cuando cada uno se convierte en maestro y aprendiz a la vez. Al romper con los compartimentos artificiales de edades, las escuelas pueden transformarse en centros vibrantes donde niños, padres, personas mayores y miembros de la comunidad intercambian habilidades, ideas y creatividad, creando ecosistemas abiertos de conocimiento e intercambios. Los estudiantes mayores mentorean a sus compañeros más jóvenes mientras adquieren nuevas perspectivas, y los padres y líderes comunitarios aportan conocimientos del mundo real, enriquecidos por la curiosidad de los niños. Este proceso dinámico y recíproco celebra la sabiduría intergeneracional, fortalece los lazos sociales y empodera a todos para construir un futuro significativo.

7. **El aprendizaje ocurre en ecosistemas, no en cajas.**
Los horarios rígidos y las aulas aisladas reducen la educación a un proceso transaccional, ignorando su naturaleza continua e interconectada. La escolarización formal debería ser solo un hilo dentro de un tejido más amplio de experiencias que incluya la familia, la comunidad, los lugares de trabajo y las redes digitales. Al combinar estos contextos, eliminamos las fronteras entre el aprendizaje formal e informal, permitiendo que el conocimiento y las habilidades circulen libremente. En tales entornos, los estudiantes aprenden a adaptarse a diversos roles, trabajar entre generaciones y adoptar perspectivas de fuentes inesperadas. Liberada de las limitaciones de las cajas, la educación alimenta la curiosidad y la autoconfianza, preparando a los aprendices para prosperar en un mundo en constante evolución.

8. **El nirvana se encuentra en la fusión de la autonomía con la autoeficacia.**
Cuando los aprendices y educadores logran tanto la autonomía (la libertad para trazar su propio camino) como la autoeficacia (la confianza en su capacidad de tener éxito), la educación trasciende los objetivos tradicionales y alcanza su propósito final: empoderar a las personas para llevar vidas plenas y significativas. Las escuelas deben cultivar activamente este equilibrio al combinar un aprendizaje guiado por la elección con oportunidades consistentes para que los estudiantes desarrollen y demuestren su competencia. Esta fusión no solo prepara a los estudiantes para el futuro, sino que también los inspira a imaginarlo y crearlo.

9. **Los educadores son creadores, colaboradores e innovadores —no engranajes en una máquina.**
Reducirlos a simples implementadores de métodos heredados debilita tanto a los aprendices como al futuro de la educación. Para responder a las demandas de un mundo dinámico e

interconectado, es fundamental valorar a los educadores como individuos con necesidades, aspiraciones y un potencial creativo únicos. Transformar la educación implica empoderar a los educadores como co-creadores, proporcionándoles confianza, herramientas y recursos para impulsar la innovación. Reconocer a los educadores como profesionales y socios fomenta entornos de aprendizaje donde tanto maestros como estudiantes prosperan, inspirando curiosidad, adaptabilidad y resiliencia.

10. **No valoremos lo que medimos; midamos lo que valoramos.** Las evaluaciones deben empoderar a los aprendices, no infundir miedo. La obsesión por las evaluaciones con altas consecuencias fomenta la ansiedad y reduce la educación a una simple memorización, relegando el pensamiento crítico y la resolución de problemas. El culto a las pruebas de alto impacto se ha convertido en un criterio erróneo de éxito, propagando una cultura perjudicial de comparación y ansiedad por bajo rendimiento en todo el mundo. Esta fijación socava la innovación genuina, descartando ideas prometedoras por preocupaciones sobre cómo medirlas. Peor aún, las escuelas producen líderes incapaces de interpretar datos de manera crítica. Debemos eliminar las pruebas obligatorias de alto impacto y redirigir los recursos hacia iniciativas que promuevan el aprendizaje auténtico y el crecimiento significativo y multidimensional.

11. **El mal uso de la tecnología es un síntoma, no el problema.** La tecnología no es una solución por sí sola, pero, cuando se utiliza de manera consciente, puede desbloquear nuevas formas de aprender y crear. Debemos ir más allá de las prácticas antiguas y aprovechar verdaderamente la tecnología como una herramienta de transformación, en lugar de obsesionarnos con las últimas innovaciones mientras descuidamos su potencial para generar cambios. Cambiar pizarras de tiza por pizarras digitales o libros por tablets mientras se mantienen los métodos

de enseñanza tradicionales es como construir una planta nuclear para mover un carro tirado por caballos: ineficaz y un desperdicio. Sin embargo, nada ha cambiado; seguimos invirtiendo enormes recursos en estas herramientas y desaprovechamos las oportunidades para explotar su potencial para transformar lo que aprendemos y cómo lo hacemos. Al recrear prácticas del pasado con tecnologías, las escuelas se concentran más en gestionar hardware y software que en desarrollar las capacidades del *mindware* de los estudiantes y el uso intencional de estas herramientas.

12. **El aprendizaje ocurre, le prestemos atención, o no.**
La mayor parte del aprendizaje es "invisible": sucede fuera de la instrucción formal a través de experiencias informales y fortuitas. Surge de la curiosidad, la experimentación y vivencias no planificadas, más parecido a respirar que a un esfuerzo deliberado. En lugar de forzar que el aprendizaje invisible se haga visible, deberíamos enfocarnos en crear entornos que confíen en su flujo orgánico y lo nutran. Esto implica fomentar lugares de trabajo, escuelas y comunidades que valoren la exploración, ofrezcan oportunidades para buscar conocimiento y respeten que no todo aprendizaje necesita ser medido o reportado. Al permitir que el aprendizaje permanezca invisible, preservamos su autenticidad y permitimos que las personas crezcan de formas significativas para ellas. La confianza, no la vigilancia, es el verdadero motor de la innovación y el crecimiento.

13. **El conocimiento se construye a partir del significado, no de la gestión.**
Cuando hablamos de conocimiento e innovación, con frecuencia confundimos o mezclamos estos conceptos con datos e información. Demasiadas veces nos engañamos pensando que brindamos "conocimiento" a los aprendices cuando en realidad solo evaluamos su capacidad de recordar información de manera

mecánica. Para ser claros: los datos son fragmentos dispersos que combinamos para formar información. El conocimiento consiste en tomar esa información y darle un significado a nivel personal. Innovamos cuando actuamos sobre lo que sabemos para crear un nuevo valor. Comprender esta diferencia revela uno de los mayores problemas en la gestión escolar y la enseñanza: aunque somos buenos gestionando información, simplemente no podemos gestionar el conocimiento en las mentes de los estudiantes sin degradarlo nuevamente a información.

14. **La estandarización mata la creatividad y la innovación.**
La educación de talla única convierte a los aprendices en productos uniformes, midiendo el éxito a través de evaluaciones limitadas. Al fragmentar el conocimiento en materias aisladas, ignora la complejidad de los desafíos del mundo real y frena la experimentación y el pensamiento audaz. Para fomentar una innovación genuina, debemos abandonar la uniformidad rígida y adoptar enfoques adaptativos centrados en el aprendiz, que enfaticen la indagación abierta y la colaboración interdisciplinaria. Solo cuando los estudiantes pueden explorar sus intereses, intercambiar perspectivas diversas y participar en la resolución auténtica de problemas, florece la verdadera creatividad.

15. **El conocimiento crece donde los límites de las redes se intersectan**.
La pedagogía emergente de este siglo no está cuidadosamente planificada: evoluciona de manera fluida. El aprendizaje se desarrolla a medida que atravesamos y expandimos redes, conectando conocimientos individuales para crear nuevas comprensiones. Al compartir experiencias, generamos un conocimiento social que enriquece la perspectiva colectiva.
La educación debe priorizar la formación de individuos con las herramientas, competencias y alfabetizaciones necesarias, como la fluidez digital, la conciencia cultural y la navegación de redes,

para prosperar en estos sistemas interconectados. A través de este proceso, los aprendices contextualizan sus talentos y conocimientos únicos, capacitándose para enfrentar nuevos desafíos con creatividad y confianza.

16. **Los títulos son obsoletos por diseño.**
Many static degree programs, designed for fixed fields with clear endpoints, are outdated or obsolete before students even finish their first year. Traditional diplomas fail to keep up with accelerating change and often do not capture the depth of real-world skills and achievements. A concerted shift toward a new, decentralized system is needed that values creativity, problem-solving, and real impact over time spent in a classroom. Learners need dynamic recognition systems that adapt with them, rewarding growth and contributions that reflect the ever-changing demands of the world.

17. **Cualquier sistema educativo que tolere la inequidad es cómplice de la injusticia.**
Los sistemas diseñados para perpetuar la desigualdad fallan a todos. Las escuelas deben ir más allá de los reconocimientos simbólicos de la diversidad para desmantelar las barreras sistémicas. Los curriculum deben amplificar las voces marginadas y garantizar que cada aprendiz sea genuinamente visto, escuchado y valorado. La equidad y la inclusión no son complementos opcionales: son la base de un sistema educativo justo y sostenible.

18. **Los actos de ciudadanía global transforman la experiencia personal en impacto planetario.**
Arraigados en contextos locales y en un compromiso significativo con comunidades diversas, conectan las perspectivas individuales con los desafíos globales. La educación debe preparar a los aprendices para abordar estos desafíos mediante la empatía inter-

cultural, la responsabilidad ética y la resolución colaborativa de problemas. Esto requiere alfabetizaciones centradas en el planeta: marcos que vinculen las acciones locales con soluciones globales, respetando los derechos individuales y colectivos. Al alinear la agencia (capacidad de acción) personal con herramientas compartidas, la educación empodera a los aprendices para actuar a nivel local y global, moldeando futuros sostenibles y equitativos.

19. **El futuro pertenece a los nerds, geeks, creadores, soñadores y *knowmads*.**
Aunque no todos serán ni deberían ser emprendedores, quienes no desarrollen habilidades emprendedoras estarán en una gran desventaja. Nuestros sistemas educativos deberían enfocarse en el desarrollo de *entreprenerds*: individuos que aprovechan su conocimiento especializado para soñar, crear, construir, explorar, aprender y promover iniciativas emprendedoras, culturales o sociales, asumiendo riesgos y disfrutando tanto del proceso como del resultado final, sin temer a los posibles fracasos o errores que el camino pueda incluir.

20. **La realidad no es opcional.**
Ignorar nuestra realidad compartida es un colapso hacia el caos. El posmodernismo transformado en un arma, donde los hechos se distorsionan y la responsabilidad se evade, amenaza los cimientos de la educación y de la sociedad misma. Las realidades compartidas no son opcionales; sin ellas, el pensamiento crítico falla, la confianza se desvanece y la colaboración se vuelve imposible. La educación debe enfrentar las distorsiones de manera directa, basándose en la evidencia empírica mientras libera nuestra imaginación para resolver nuevos desafíos. Para construir un futuro sostenible, los aprendices deben estar preparados para cuestionar las distorsiones, rechazar la evasión de responsabilidades y navegar la complejidad con valentía intelectual.

21. Una educación que ignora el planeta es una educación sin futuro.

Con la catástrofe climática acechando, cualquier currículum que descuide la responsabilidad ambiental es tanto deficiente como irresponsable. La educación debe moldear activamente el futuro de los estudiantes y el mundo que los rodea. Los aprendices no deberían estudiar el medio ambiente de manera pasiva; deben ser empoderados como co-creadores de soluciones y guardianes activos del planeta. Al dotar a los estudiantes de habilidades orientadas al futuro y autonomía para abordar grandes desafíos, e integrar alfabetizaciones centradas en el planeta dentro de un proceso de aprendizaje dinámico y flexible, fomentamos la innovación y una conexión personal con la sustentabilidad que inspira un impacto duradero.

***22.* *Podemos* y *debemos* construir culturas de confianza en nuestras escuelas y comunidades.**

Mientras nuestros sistemas educativos sigan basándose en el miedo, la ansiedad y la desconfianza, los desafíos mencionados persistirán. Si los educadores han de construir una capacidad colectiva para transformar la educación, necesitamos comunidades comprometidas y también debemos involucrarnos activamente con las comunidades a las que servimos. Esto requiere una nueva teoría de acción, centrada en la confianza, donde estudiantes, escuelas, gobiernos, empresas, padres y comunidades puedan participar en iniciativas colaborativas para co-crear nuevos futuros educativos.

23. Rompe las reglas, pero entiende claramente el *porqué* primero.

Nuestros sistemas escolares están construidos sobre culturas de obediencia, cumplimiento impuesto y complacencia. La creatividad de los estudiantes, el personal y nuestras instituciones está inherentemente sofocada. Es más fácil que nos digan qué pensar a pensar por nosotros mismos. Hacer preguntas abiertamente y construir una conciencia metacognitiva sobre lo que hemos creado y lo que queremos hacer al respecto es la mejor manera de curar este malestar institucionalizado. Solo entonces podremos diseñar rupturas justificadas del sistema que desafíen el *statu quo* y tengan el potencial de generar un impacto real.

24. **El activismo es un espacio donde el desaprendizaje prospera.**
Ya sea mediante la desobediencia civil no violenta, protestas en las calles, demostraciones artísticas o resistencia performativa, el activismo desafía el *statu quo* y reconstruye desde sus cimientos. Enseña resiliencia, autonomía y el valor para enfrentar sistemas rotos, incluida la educación misma. Los educadores deben adoptar el activismo como una herramienta fundamental de aprendizaje, transformando a los aprendices pasivos en participantes activos en la construcción del mundo.

25. **Cuestiona todo.**
Empieza con este manifiesto. La aceptación ciega fomenta la complacencia. Como co-aprendices, debemos crear espacios seguros para evaluar críticamente todas las ideas, incluidas las que se presentan aquí. Al contribuir a una cultura de pensamiento crítico y diálogo abierto, se promueve el desarrollo de la autoconciencia y se capacita a las personas para contribuir a una evolución continua de cómo enseñamos y aprendemos.

Los desafíos en la educación persisten porque amenazan el poder arraigado y alteran el *statu quo*. Durante siglos, las verdades que desafían los privilegios—ya sea el heliocentrismo, la validez de la biología evolutiva o la realidad del cambio climático provocado por el ser humano—han enfrentado resistencia. De manera similar, la educación, limitada por prioridades anticuadas, no necesita más conciencia, sino el valor de desmantelar barreras, rechazar la complacencia y construir sistemas que sirvan a cada aprendiz y comunidad.

Nadie puede lograr esto solo. Un movimiento por los futuros del aprendizaje requiere una coalición de educadores, aprendices, familias, responsables de políticas y comunidades. Al unir nuestras fortalezas únicas, podemos desmantelar sistemas obsoletos, rediseñar planes de estudio y crear entornos donde prosperen la equidad, la creatividad y la curiosidad. Cada acción cuenta, ya sea reimaginando cómo enseñamos, fomentando culturas de confianza en las escuelas o abogando por cambios de políticas que coloquen el aprendizaje como un derecho de por vida.

Juntos, podemos crear un sistema educativo que empodere a cada aprendiz para prosperar en un mundo impredecible. Es hora de actuar con valentía, colectivamente y con propósito.

EL FUTURO ESTÁ AQUÍ. LO QUE HAGAMOS HOY INFLUYE.

Somos

John Moravec (autor principal, EE. UU), **Gustavo Andrade** (México), **Chris Bagley** (Reino Unido), **Constanze Beyer** (Alemania), **Paola Boccia** (Argentina/Alemania), **Edwin De Bree** (Países Bajos), **Vivian Breucker** (Alemania), **Alexandra Castro Ferrada** (EE.UU.), **María Mercedes Civarolo** (España/Argentina), **Cristóbal Cobo** (Chile), **Antonio L. Delgado Pérez** (EE.UU.), **Claudia Dikmans** (Alemania), **Albus Duc Hoang** (Vietnam), **Kristina House** (Canadá), **Silvia Enriquez** (Argentina), **Martine Eyzenga** (Países Bajos), **Tomas C. Ferber** (Alemania), **Richard Fransham** (Canadá), **Gustavo Garcia Lutz** (Uruguay), **Peter Gray** (EE.UU.), **Christel Hartkamp** (Países Bajos), **Pekka Ihanainen** (Finlandia), **Marcel Kampman** (Países Bajos), **Bob Kartous** (República Checa), **Kateřina Kolínková** (República Checa), **Kamila Koutná** (República Checa), **Florian Kretzschmar** (Alemania), **Nicola Kriesel** (Alemania), **Luis R. Lara** (Argentina), **Diego Leal** (Colombia), **Carlos Lizárraga Celaya** (EE.UU.), **María Cristina Martínez-Bravo** (Ecuador), **Juraj Mazák** (Eslovaquia), **Alejandra Mendoza Garza** (México), **Farid Mokhtar Noriega** (España), **María Mercedes Moravec** (EE.UU.), **Daniel Navarrete** (Colombia), **Varlei Xavier Nogueira** (Brasil), **Alejandro Núñez Urquijo** (Colombia), **Hugo Pardo Kuklinski** (Argentina/España), **Alejandro Pisanty** (México), **Lucas Potenza** (Argentina), **Noemi Pulido** (Argentina), **Luis Napoleón Quintanilla** (El Salvador), **Dinant Roode** (Países Bajos), **Javier José Simon** (Argentina), **Alison Snieckus** (EE.UU.), **Max Ugaz** (Perú), **Paloma Valdivia Vizarreta** (España), **David Vidal** (España), **Evangelos Vlachakis** (Grecia), **Tim Weinert** (Alemania), **Monika Wernz** (Alemania), and **Alex Wiedemann** (Alemania).

1

Construyendo futuros que aún no podemos imaginar

La educación enseña el ayer a niños que vivirán en el mañana. Mientras la medicina reescribe genomas y la tecnología diseña inteligencia, las escuelas permanecen ancladas en el pasado. Los clases de literatura repasan el canon pero pasan por alto el futuro de la narración en podcast, ficción interactiva y mundos virtuales. Las matemáticas aún valoran las técnicas manuales mientras dejan de lado la modelización climática, la ciencia de datos y la inteligencia artificial. La innovación en otros ámbitos avanza rápidamente. La educación se queda atrás.

Este atraso es intencional. Las escuelas están diseñadas para ser instituciones conservadoras. Valoran la estabilidad, la continuidad y la previsibilidad, precisamente las cualidades que las industrias fuera de la educación ahora abandonan para sobrevivir. En tecnología, las empresas cierran, cambian de rumbo o se reinventan en el lapso de pocos años. En medicina, las terapias se prueban, perfeccionan y despliegan en plazos antes inimaginables. La agricultura reorganiza toda su cadena de suministro en respuesta a la alteración climática. La educación, en contraste, insiste en protegerse del cambio, prefiriendo currículos escritos hace décadas y prácticas que prometen control en lugar de creatividad (Tyack & Cuban, 1995)

Mientras tanto, el terreno bajo nuestros pies está cambiando más rápido de lo que las escuelas pueden responder. Futuros que la mayoría de nosotros aún no puede imaginar están tomando forma a través de la inteligencia artificial, la biotecnología, la computación cuántica, la disrupción climática y trastornos aún sin nombre. Estas fuerzas no esperan la aprobación de los ministerios o los organismos de acreditación. Transforman el trabajo, la cultura, la política y la producción de conocimiento en tiempo real.

La inteligencia artificial genera textos, imágenes e hipótesis científicas a escalas que habrían parecido absurdas hace cinco años. Las biotecnologías nos permiten editar genomas, fabricar órganos y alterar ecosistemas. La computación cuántica podría resolver problemas en química, finanzas y logística que abruman a las máquinas actuales. Estos avances traen tanto la promesa de prosperidad como el riesgo de colapso. Abren caminos hacia tecno-utopías y hacia pesadillas.

Preparar a los estudiantes para este mundo requiere más que transmitir conocimientos establecidos. Requiere previsión, adaptabilidad, juicio ético y el coraje de inventar lo que aún no existe. Un graduado que solo domina el conocimiento prescrito no solo está insuficientemente preparado. Está desarmado en un siglo definido por la incertidumbre (UNESCO, 2021). Las escuelas no pueden permanecer pasivas. Deben formar a los aprendices para leer patrones emergentes, improvisar soluciones y co-crear futuros que sean inclusivos, justos y dignos de ser vividos.

De *Manifesto 25*:

> ***"El futuro ya está aquí—solo que no está distribuido de manera equitativa "*** *(William Gibson, citado en Gladstone, 1998). El campo de la educación se queda atrás porque se enfoca en el pasado en lugar del futuro. Enseñamos la historia de la literatura pero ignoramos el futuro de la narración. Destacamos conceptos matemáticos tradicionales pero descuidamos la creación de nuevas matemáticas para moldear el mañana. Lo que se considera "revolucionario" en educación ya ha ocurrido de manera fragmentada y localizada. Para lograr un cambio significativo, debemos aprender de estos esfuerzos dispersos, compartir experiencias y asumir los riesgos necesarios para abrazar un enfoque prospectivo en nuestra práctica..*

La distribución desigual del futuro va más allá de la innovación en la enseñanza y el aprendizaje. Refleja profundas inequidades en las oportunidades educativas. Los estudiantes de contextos históricamente marginados a menudo carecen de acceso a tecnologías emergentes y a currículos orientados al futuro, lo que limita su capacidad para involucrarse con los futuros que decimos buscar o para darles forma.

Esta brecha restringe su capacidad no solo para comprender ideas emergentes, sino para participar en su creación y definición. El futuro entonces corre el riesgo de ser diseñado por unos pocos privilegiados, reproduciendo las inequidades existentes por nuevos medios (van Dijk, 2020). Si queremos un futuro accesible e inclusivo, las instituciones educativas deben priorizar el acceso equitativo a oportunidades de aprendizaje orientadas al futuro. Las escuelas y los responsables de políticas deben proporcionar deliberadamente a los aprendices acceso a tecnología avanzada, plataformas digitales, experiencias y *mindware*, software de la mente, que apoye el pensamiento imaginativo y soluciones originales. Abordar la distribución desigual también implica cultivar la creencia, tanto en estudiantes como en educadores, de que tienen un papel en el diseño de nuestros futuros.

ROMPIENDO LA INNOVACIÓN FUERA DEL AISLAMIENTO

Un enfoque orientado al pasado entrena a las instituciones para observar la innovación a distancia. Las escuelas se aíslan del cambio en lugar de adoptarlo o desarrollarlo. Sin embargo, educadores e instituciones de todo el mundo están experimentando: los estudiantes aprenden narración a través de realidad aumentada y virtual, exploran matemáticas mediante modelado computacional y participan en proyectos interdisciplinarios centrados en sostenibilidad, salud pública y ciudadanía digital. Estos esfuerzos rara vez trascienden los ámbitos locales porque el apoyo sistémico es escaso y el intercambio de prácticas es fragmentado.

Incluso donde las herramientas digitales son generalizadas, las escuelas a menudo las usan para replicar métodos tradicionales. Las plataformas interactivas y la realidad virtual recrean eventos históricos o narrativas familiares en lugar de apoyar nuevas formas de narración y creación original. El modelado computacional y la inteligencia artificial se utilizan para reforzar las matemáticas existentes en lugar de generar comprensión o abordar desafíos no resueltos. La tecnología se convierte entonces en una apariencia de modernización en vez de un cambio en lo que el aprendizaje puede posibilitar (Zhao, 2018; Kirschner & De Bruyckere, 2017). La capacidad de innovación de los estudiantes permanece sin aprovechar.

Y aun así, existen destellos. En todo el mundo, educadores y estudiantes están construyendo nuevos métodos de aprendizaje que desafían los límites de la escolarización tradicional. Estos esfuerzos prueban que las alternativas son imaginables, y ya están en marcha. Sin embargo, siguen siendo frágiles. Muchos dependen de la pasión de unos pocos docentes, la tolerancia de un administrador comprensivo o el impulso temporal de una subvención. Sin apoyo sistémico, surgen y desaparecen.

La lección es clara. La innovación no puede seguir siendo un pasatiempo o un proyecto marginal. Cuando las escuelas tratan la práctica orientada al futuro como algo periférico, garantizan que se marchite en aislamiento. Para que importe, la innovación debe ser central en el propósito educativo, contar con recursos, compartirse y escalarse con cuidado.

Las escuelas y los responsables de políticas pueden comenzar identificando, evaluando y ampliando innovaciones prometedoras. Los docentes necesitan oportunidades estructuradas para colaborar y compartir lo que aprenden de la experimentación. El desarrollo profesional y la cultura escolar deben recompensar la toma de riesgos y el pensamiento orientado al futuro. La política debe respaldar este trabajo con recursos y reconocer la innovación como central en la evaluación docente y escolar, no como un complemento opcional.

MÁS QUE DISPOSITIVOS Y PRUEBAS

¿Qué significaría entonces tomarse el futuro tan en serio como el pasado? No es otro dispositivo en el aula. No es otra prueba estandarizada. Significaría prácticas que desarrollen las capacidades que todo aprendiz necesitará en un siglo de incertidumbre.

Nuestro punto de partida clave es la *alfabetización de futuros*: ayudar a los aprendices a explorar escenarios alternativos y reconocer los factores que impulsan el cambio. Los estudiantes mapean lo que podría suceder y preguntan qué futuros preferirían. El trabajo prepara en lugar de predecir (Miller, 2018). Desarrolla la previsión y la agilidad para improvisar ante la incertidumbre.

Igualmente importantes son las oportunidades para abordar desafíos complejos y transdisciplinarios. En lugar de trabajar dentro de compartimentos disciplinares, los estudiantes abordan problemas como la disrupción climática, la ciberseguridad y la migración, donde ninguna disciplina por sí sola ofrece respuestas suficientes. Aprenden a integrar sistemas de conocimiento diversos, sopesar dilemas éticos y colaborar a través de fronteras. Los problemas más urgentes del siglo no llegarán etiquetados como "matemáticas" o "literatura". Exigirán formas híbridas y creativas de resolución de problemas.

El trabajo práctico con tecnologías emergentes es otra vía. La robótica, la inteligencia artificial, la realidad virtual y la biotecnología no son solo herramientas para la industria. Son terrenos donde se disputan valores y futuros. Cuando los aprendices experimentan directamente con estas tecnologías, desarrollan confianza técnica y conciencia ética. Se convierten en creadores y críticos, no en consumidores pasivos.

La educación también debe cultivar la imaginación emprendedora: la capacidad de ver posibilidades donde otros ven límites. Esto no significa que cada estudiante deba crear una empresa. Se trata de resiliencia, iniciativa y el coraje de convertir ideas en acción. Combinado con oportunidades de colaboración global a través de intercambios digitales o proyectos transnacionales, los aprendices pueden practicar la negociación entre culturas, zonas horarias y cosmovisiones. Comienzan a comprender que dar forma al futuro es una tarea colectiva.

Un currículo orientado al futuro alinea el conocimiento y las habilidades tanto con cambios previstos como imprevistos. Expande lo que se considera aprendizaje central. La alfabetización digital, los medios interactivos, la biotecnología, la ciudadanía digital y las matemáticas aplicadas a desafíos reales se vuelven centrales. La experiencia práctica, los proyectos interdisciplinarios y el compromiso continuo con tecnologías emergentes pasan de ser un enriquecimiento a una expectativa. El objetivo es la preparación para navegar el cambio y contribuir a darle forma.

LOS FUTUROS QUE ENFRENTAMOS

Estamos en un umbral. La educación puede seguir embalsamando el pasado, produciendo graduados expertos en conocimientos obsoletos, y observar cómo el futuro se diseña sin ellos. O puede asumir su verdadero papel: preparar a las personas no solo para sobrevivir al futuro, sino para darle forma.

Las herramientas, el conocimiento y la imaginación para lograrlo ya están en nuestras manos. Cada momento de demora roba posibilidades a quienes heredarán el resto de este siglo. La elección es clara: complicidad en la reproducción de un mundo muerto, o participación en la construcción de futuros que aún no podemos imaginar. Si nos negamos a actuar, condenamos a otra generación a estudiar un mundo que ya no existe. Si actuamos, abrimos el futuro para todos. La educación debe dejar de ensayar el ayer y cmpezar a construir el mañana.

2
Las escuelas 1.0 no pueden enseñar a niños 3.0, 4.0, 5.0 ...

En un aula, un estudiante copia apuntes sobre una guerra de hace siglos. Fuera de la escuela, ese mismo estudiante crea modificaciones de videojuegos, edita videos para redes sociales y debate sobre política en foros globales en línea. Otro estudiante memoriza fórmulas sin contexto, incluso mientras ayuda a gestionar el presupuesto familiar afectado por la inflación, la inseguridad habitacional y las alteraciones relacionadas con el clima.

Estas escenas revelan una desconexión cada vez mayor entre la escuela y la vida. Mientras que las aulas exigen obediencia a planes de estudio fijos, los estudiantes navegan por sistemas sociales y tecnológicos complejos que requieren adaptabilidad, juicio y creatividad. A medida que esta brecha se amplía, las escuelas se alejan de lo que más importa a los aprendices, debilitando tanto la relevancia como el propósito.

Los sistemas educativos en todo el mundo siguen anclados en diseños originados en el siglo XIX. La mayoría de las escuelas aún funcionan según una lógica industrial "1.0": producir trabajadores obedientes y ciudadanos conformes para economías fabriles. Los horarios uniformes, la enseñanza centrada en el docente y la evaluación estandarizada reflejan esta herencia. Estas estructuras cumplieron una función histórica en su momento. Ya no se corresponden con un mundo digital, interconectado y en rápida transformación.

Las etiquetas 1.0, 2.0 y 3.0 provienen de un marco conceptual introducido en *Knowmad Society* (Moravec, 2013). La Educación 1.0 refleja el modelo industrial, centrado en la obediencia y la transmisión de información. La Educación

2.0 introduce enfoques limitados centrados en el estudiante, pero sigue siendo dirigida por el docente. La Educación 3.0 se orienta hacia la co-creación, el aprendizaje en red y la cultura participativa. A medida que avanzamos hacia futuros 4.0 y 5.0, caracterizados por la inteligencia artificial, la disrupción ecológica y la interdependencia global, las escuelas deben ir más allá de la transmisión pasiva y la formación de habilidades industriales para convertirse en plataformas de innovación, colaboración y creatividad. Estas metáforas generacionales, reflejadas en *Manifesto 25*, representan cómo la sociedad evoluciona a través de olas tecnológicas y culturales. mientras que la mayoría de las escuelas permanece atrapada en el antiguo paradigma:

De *Manifesto 25*:

> ***Las escuelas 1.0 no pueden enseñar a niños 3.0, 4.0, 5.0...*** *Las escuelas diseñadas para la era industrial no pueden satisfacer las necesidades de una era digital e interconectada. Necesitamos redefinir y construir una comprensión clara de* ***para qué*** *educamos,* ***por qué*** *lo hacemos y* ***a quién*** *sirven nuestros sistemas educativos. La educación obligatoria convencional se basa en un modelo del siglo XIX destinado a formar ciudadanos con el potencial para convertirse en operarios y burócratas obedientes. En una era posindustrial y digital, este ya no debe ser el objetivo final de la educación. Debemos apoyar a los aprendices para que se conviertan en innovadores, capaces de aprovechar su imaginación y creatividad para lograr nuevos resultados para la sociedad. Hacemos esto porque los desafíos de hoy no pueden resolverse con ideas antiguas. Y todos somos co-responsables de crear futuros con resultados positivos que beneficien a todas las personas del mundo.*

LOS APRENDICES DE HOY, LOS DESAFÍOS DE MAÑANA

Muchos de los estudiantes actuales crecen en un mundo hiperconectado, moldeado por ecosistemas digitales, medios participativos y acceso instantáneo al conocimiento global. Forman identidades a través de múltiples plataformas, navegan culturas superpuestas y colaboran con sus pares en tiempo real a través de fronteras geográficas. Sus vidas diarias requieren adaptabilidad, pensamiento sistémico y creatividad. Se espera que aborden desafíos globales complejos (por ejemplo, inestabilidad climática, polarización política, disrupción tecnológica) sin las herramientas necesarias para comprender un mundo que desafía respuestas sencillas. Mientras la sociedad exige que sean innovadores, líderes y solucionadores de problemas, la escuela a menudo los prepara para roles y estructuras que ya no existen.

Sin embargo, la estructura y la cultura de la escolarización siguen ligadas a planes de estudio estáticos, horarios rígidos y sistemas de evaluación optimizados para la memorización y la rutina en lugar de la comprensión y la invención. La brecha entre lo que los estudiantes necesitan y lo que las escuelas ofrecen continúa ampliándose, agravada por la aceleración tecnológica y la complejidad social. Las aulas a menudo permanecen desconectadas de los mundos dinámicos que los estudiantes habitan fuera de la escuela, dejando a muchos aprendices sin desafíos, sin inspiración o desatendidos. El costo es real: desinterés, potencial perdido y la incapacidad de preparar a la próxima generación para liderar un cambio significativo.

Avanzar requiere un cambio en el propósito. La educación ya no puede priorizar la memorización y la obediencia. Debe fomentar la imaginación, el pensamiento crítico, el juicio ético, la colaboración y la capacidad de generar respuestas novedosas a problemas emergentes. Se debe apoyar a los estudiantes como creadores activos de conocimiento y constructores del futuro, no como receptores pasivos de información (Fullan, Quinn, & McEachen, 2018).

Este cambio comienza con dos preguntas: *¿para qué educamos? ¿y en beneficio de quién?* Con demasiada frecuencia, los sistemas educativos sirven a los mercados laborales, intereses políticos y narrativas culturales dominantes en lugar de a los aprendices. Las escuelas fueron creadas para clasificar, controlar y disciplinar. Preparan a los estudiantes para ocupar roles predefinidos, no para cuestionarlos o rediseñarlos.

SOLO 'LO SUFICIENTEMENTE INTELIGENTE' PARA SER OBEDIENTEMENTE ÚTIL

Como lo expresó brutalmente George Carlin (2005), el objetivo de la educación es producir trabajadores "lo suficientemente inteligentes para operar las máquinas", pero "lo suficientemente tontos para aceptar pasivamente estos trabajos cada vez peores". Sus palabras capturaron una estrategia deliberada para diseñar la obediencia y suprimir el pensamiento crítico. Las máquinas que antes definían el trabajo en las fábricas han sido reemplazadas en gran medida por algoritmos, automatización y sistemas distribuidos. Sin embargo, la lógica del control y la eficiencia sigue moldeando el funcionamiento de las escuelas hoy en día. ¿Y a beneficio de quién?

Este modelo industrial trata a los estudiantes como insumos en una línea de producción: son procesados, medidos y egresados según estándares de referencia estandarizados. Se recompensa la uniformidad. Se penaliza la desviación. La imaginación a menudo se considera perturbadora. El resultado es un sistema educativo que suprime la curiosidad en favor del orden y privilegia la competencia técnica sobre la imaginación ética. Puede que ya no formemos a los estudiantes para operar máquinas, pero seguimos moldeándolos para que encajen en la maquinaria del cumplimiento. Esto está profundamente desalineado con las demandas de nuestra época.

¿A QUIÉN DEBE SERVIR LA EDUCACIÓN?

Si tomamos en serio lo que sabemos sobre los aprendices, la sociedad y la magnitud de los desafíos que se avecinan, los sistemas educativos basados en la estandarización y la clasificación ya no son suficientes. El objetivo no puede ser únicamente la empleabilidad. La educación debe apoyar la supervivencia compartida, la renovación democrática y la capacidad colectiva para construir futuros equitativos. Determina qué voces cuentan, qué conocimientos importan y qué futuros son posibles. Para cumplir con esta responsabilidad, la educación debe preparar a todos los aprendices para navegar la incertidumbre, actuar con imaginación ética y participar plenamente en un mundo definido por la interdependencia.

El sistema actual privilegia las normas dominantes mientras margina a los estudiantes cuyas lenguas, culturas y experiencias de vida quedan fuera de lo convencional. Estas exclusiones se mantienen por diseño. Reimaginar la educación requiere nombrar esta realidad y comprometerse con un futuro diferente. Ese futuro sitúa en el centro a los aprendices, educadores, familias y comunidades históricamente marginados como socios en la toma de decisiones. La educación debe construirse con los aprendices, no imponerse sobre ellos, fundamentada en la agencia, la dignidad y la responsabilidad compartida.

REIMAGINANDO LAS ESTRUCTURAS ESCOLARES

Si las escuelas quieren seguir siendo relevantes, deben abandonar el modelo de fábrica. Esto implica repensar la organización, el tiempo, el espacio y la autoridad. Un modelo 1.0 se basa en la estandarización, disciplinas aisladas, horarios con timbres e instrucción pasiva. Premia la memorización y el rendimiento en exámenes, y estructura el aprendizaje en unidades de tiempo rígidas.

En contraste, las escuelas basadas en 3.0 y posteriores están centradas en el estudiante, son adaptativas y en red. Fomentan la autonomía mediante trayectorias co-diseñadas y organizan el aprendizaje en torno a preguntas significativas y desafíos reales. Los docentes actúan como facilitadores y co-aprendices. Los estudiantes abordan problemas que exigen creatividad, colaboración y pensamiento crítico a través de diversas disciplinas.

El tiempo y el espacio se vuelven flexibles. Los estudiantes colaboran entre diferentes grupos de edad, desarrollan proyectos a largo plazo y se conectan con compañeros y mentores a nivel global. Las filas de escritorios dan paso a estudios, laboratorios y espacios comunitarios. La evaluación se orienta hacia portafolios, exposiciones y reflexión. El éxito se mide por el crecimiento, la comprensión y la capacidad de comunicar el aprendizaje con claridad y propósito.

En estos entornos, la tecnología empodera en lugar de vigilar. Conecta a los aprendices a través de culturas, amplía el acceso al conocimiento y apoya la expresión creativa. Desarrolla la alfabetización digital, el pensamiento sistémico, la fluidez mediática y el razonamiento ético. Estas capacidades son esenciales para abordar los desafíos futuros y lograr resultados justos y sostenibles.

El paso de la educación 1.0 a la 3.0 y más allá debe ir más allá de una reforma superficial, exigiendo un rediseño completo del espacio en el que funcionan las escuelas, desde cómo se estructura el *tiempo*, hasta lo que se aprende y *cómo* se evalúa el aprendizaje. Este nuevo sistema debe priorizar la flexibilidad, la colaboración y la relevancia, apoyando la agencia estudiantil y la conexión con los desafíos del mundo real. Debe estar diseñado para preparar a los aprendices para un mundo definido por el cambio rápido, la incertidumbre y la interdependencia.

No podemos enfrentar los desafíos actuales con las herramientas del pasado. La educación debe ser rediseñada en torno a las realidades que enfrentamos y los futuros que pretendemos construir. Esto requiere enfrentar la inercia institucional y comprometerse con un cambio sistémico, no con gestos simbólicos. La elección es entre rediseño o decadencia.

La brecha entre las escuelas del pasado y las realidades actuales es ahora demasiado amplia para ignorarla. Superarla implica formular preguntas más difíciles. ¿Esta política interrumpe sistemas obsoletos o los refuerza? ¿Este diseño fomenta la imaginación, la colaboración y la relevancia, o preserva la obediencia y el control? Si nos ata al pasado, debe ser abandonado. La educación debe convertirse en un espacio de diseño abierto, no en una fábrica cerrada, donde los aprendices estén preparados no solo para tener éxito en el futuro, sino para moldearlo en sus propios términos.

3
Los niños también son personas

La mayoría de las escuelas se basan en el control. Se les dice a los estudiantes cuándo sentarse, cuándo hablar, qué estudiar y cómo comportarse. Son clasificados, ordenados y medidos, a menudo sin preguntarles qué piensan. Los adultos deciden **qué** cuenta como aprendizaje y *cómo* ocurre. Los jóvenes viven con las consecuencias. Eso es un problema.

Los jóvenes son ciudadanos desde su nacimiento, no aprendices de la adultez. Son quienes más se ven afectados por la política educativa, las decisiones curriculares y las normas escolares, pero generalmente son quienes menos poder tienen para influir en ellas. Como partes interesadas tanto en la escuela como en la sociedad, merecen un papel significativo en la construcción de su aprendizaje y su futuro. Los desafíos que enfrentarán, como el colapso ecológico, la fragmentación social y el cambio tecnológico acelerado, exigen una agencia basada en el respeto y la confianza.

Muchas barreras para la agencia estudiantil están integradas en la estructura escolar. Las pruebas estandarizadas reducen el currículo y limitan la elección de docentes y estudiantes, enviando un mensaje claro: lo que importa es lo que se puede medir. En muchos países, los marcos legales tratan a los estudiantes como receptores pasivos de instrucción en lugar de individuos titulares de derechos con voz en su educación. Incluso donde se fomenta la participación, las suposiciones culturales sobre la infancia, especialmente la creencia de que los jóvenes carecen de madurez o juicio para contribuir de manera significativa, socavan la inclusión real. Estos obstáculos reflejan valores más profundos sobre el poder y sobre qué voces importan. Hasta que esto cambie, los esfuerzos por la "voz estudiantil" seguirán siendo cosméticos. El cambio auténtico requiere desmantelar los sistemas que niegan a los estudiantes la capacidad de influir en su propio aprendizaje.

De *Manifesto 25*:

> ***Los niños también son personas.*** *Todos los estudiantes deben ser tratados y respetados como seres humanos con derechos y responsabilidades universales reconocidos. Esto significa que los estudiantes deben tener una participación activa en las decisiones relacionadas con su aprendizaje, incluyendo cómo se gestionan sus escuelas, cómo y cuándo aprenden, y todas las otras áreas de su vida cotidiana. Esta es inclusión en un sentido real. Los estudiantes de todas las edades deben tener la libertad de buscar oportunidades y enfoques educativos apropiados para ellos, siempre que sus decisiones no limiten las libertades de los demás para hacer lo mismo (adaptado de EUDEC, 2023).*

INCLUSION AS SHARED POWER AND RESPONSIBILITY

La inclusión trata sobre la participación, no la presencia. Típicamente, la "voz estudiantil" se reduce a encuestas simbólicas, foros guionizados o tareas donde el formato es abierto pero el resultado está predeterminado. Estos gestos simbólicos ocultan la naturaleza jerárquica de la toma de decisiones en la escuela y dan la ilusión de inclusión sin transferir ningún poder real.

Los estudiantes deberían participar en la construcción del currículo, los horarios, las políticas disciplinarias y todos los aspectos de la gobernanza escolar. Esto ya se practica en todo el mundo:

- **En Finlandia**, muchas escuelas practican la democracia estudiantil a través de reuniones de clase estructuradas, iniciativas lideradas por estudiantes e integración de los consejos estudiantiles en la gobernanza escolar. La participación está integrada en la cultura, no añadida como un complemento.

- **En India**, organizaciones como Shikshantar han apoyado modelos de desescolarización y aprendizaje autodirigido que respetan a los niños como personas capaces de tomar decisiones. Los aprendices co-diseñan sus días, desarrollan proyectos comunitarios y documentan sus trayectorias de aprendizaje sin calificaciones ni horarios rígidos.
- **En toda Europa**, las escuelas democráticas dentro de la Comunidad Europea de Educación Democrática operan bajo principios donde estudiantes y personal comparten derechos de voto iguales en todos los asuntos, desde el presupuesto hasta el currículo y la contratación.
- **En Sudáfrica**, el movimiento Equal Education movilizó a estudiantes para que alzaran la voz sobre las condiciones escolares, la infraestructura y la desigualdad, logrando impulsar cambios en las políticas al elevar las voces juveniles en los debates nacionales sobre educación.

¿Qué sucede cuando confiamos más en los niños? *Resultan estar perfectamente bien.* Cuando los estudiantes co-crean las estructuras y ritmos de la vida escolar, los resultados pueden ser duraderos. Un estudio de 2024 sobre escuelas tipo Sudbury (Hartkamp-Bakker & Martens, 2024) encontró que los estudiantes que ejercen una elección real desarrollan una mayor autodeterminación, motivación y sentido de pertenencia sobre sus vidas. Reportaron mayor confianza y una percepción más clara de la responsabilidad personal. De manera más amplia, la investigación sobre escuelas democráticas y aprendizaje autodirigido sugiere que cuando los estudiantes ayudan a dar forma a sus entornos, participan más plenamente, toman la iniciativa y desarrollan habilidades de negociación, colaboración y responsabilidad a través de la experiencia vivida. Ser escuchados y ser responsables enseña pertenencia y prepara a los jóvenes para contribuir a sus comunidades.

LA RESPONSABILIDAD COMO EXPERIENCIA DE APRENDIZAJE VIVIDA

Un enfoque basado en derechos incluye responsabilidades. Pero la responsabilidad no es algo que los adultos imponen. Es algo que las comunidades construyen y acuerdan en conjunto. Los estudiantes aprenden responsabilidad al resolver conflictos, establecer normas compartidas, gestionar el trabajo en grupo, co-crear prioridades escolares, cuidar los entornos de aprendizaje e incluso a través del juego libre (Gray, 2023). Cuando los estudiantes son socios y no sujetos, la rendición de cuentas se vuelve mutua. Las escuelas dejan de centrarse en gestionar el comportamiento y pasan a fomentar la contribución y el sentido de pertenencia.

La Sudbury Valley School en Massachusetts ofrece un ejemplo concreto de inclusión a través del poder y la responsabilidad compartidos. En Sudbury, los estudiantes de todas las edades tienen los mismos derechos de voto que el personal en las reglas escolares, la contratación y la gobernanza. No existe un currículo impuesto, ni sistema de calificaciones, ni clases obligatorias. Los estudiantes dirigen su aprendizaje, ya sea composición musical, programación, pintura o largas conversaciones con sus compañeros. La gobernanza se realiza mediante asambleas democráticas y comités judiciales dirigidos por estudiantes, donde incluso un niño de seis años puede responsabilizar a uno de quince. El poder compartido se practica a diario.

En Perú, la Escuela Democrática de Huamachuco, formada en colaboración con la escuela Kapriole de Friburgo, Alemania, adapta la educación democrática a las tradiciones andinas locales y a un compromiso con la conciencia ambiental y los derechos humanos. Los estudiantes participan en asambleas semanales para proponer y votar sobre asuntos escolares, desde horarios y temas curriculares hasta resolución de conflictos. No hay calificaciones formales. El aprendizaje se guía por los intereses de los estudiantes, las necesidades de la comunidad y los acuerdos colectivos. La responsabilidad se vive: los estudiantes organizan turnos de limpieza, co-facilitan talleres y ayudan a gestionar los recursos escolares. El trabajo fomenta la autonomía, el respeto mutuo y la responsabilidad cívica arraigada en la cultura local.

Estos resultados son posibles cuando las escuelas tratan a los estudiantes como personas cuyas voces dan forma a su vida educativa, no como sujetos a ser gestionados. Pero hacer realidad estos derechos requiere más que cambiar actitudes. Requiere cuestionar los horarios, los sistemas de calificación, las políticas disciplinarias y la suposición de que los adultos siempre saben más.

Requiere desmantelar las barreras estructurales que codifican la obediencia como norma.

En muchos sistemas, los derechos estudiantiles están limitados por políticas y normas que privilegian la estandarización y el control. Las pruebas de alto impacto reducen el currículo y convierten a los estudiantes en simples examinados. Los marcos legales restringen el poder de decisión, desde la gobernanza hasta la disciplina. Las suposiciones culturales sobre la infancia agravan el problema al presentar a los jóvenes como demasiado ingenuos para participar en decisiones que afectan sus vidas. Romper estas barreras requiere un rediseño basado en dos principios: respeto y confianza.

COMENZAR CON RESPETO Y CONFIANZA

Todas las personas tienen derecho a los derechos humanos básicos, incluidos los jóvenes. Los niños y jóvenes están protegidos por la *Convención de las Naciones Unidas sobre los Derechos del Niño*, que incluye el derecho a ser escuchados en las decisiones que les afectan, el derecho a una educación que apoye su desarrollo y bienestar, y el derecho a la libertad de pensamiento y expresión.

Sin embargo, las escuelas construidas sobre el control suelen ignorar estos derechos. El respeto no debería depender de la edad ni de la obediencia; debería ser el mínimo que esperamos unos de otros. Los estudiantes merecen sistemas que presuman capacidad, apoyen la agencia e inviten a la participación.

La agencia posibilita el propósito. Requiere diseñar entornos donde la responsabilidad sea compartida, la curiosidad esté protegida y la participación tenga un peso real. Confiar significa involucrar a los estudiantes en la construcción de su aprendizaje ahora, no esperar hasta que sean mayores o considerados "preparados".

HACIA FUTUROS LIDERADOS POR LOS APRENDICES

Si queremos sociedades democráticas, necesitamos escuelas democráticas. Si queremos pensadores creativos, debemos dejar de castigar la curiosidad. Y si queremos sistemas inclusivos, debemos incluir a los estudiantes en la forma en que esos sistemas son gobernados. A los estudiantes se les debe otorgar agencia, con derechos y responsabilidades reales.

Esto requiere un rediseño de la educación convencional. Significa renunciar a un control que nunca fue legítimamente ejercido y volver al respeto y la confianza como principios fundamentales. Los estudiantes ya están pensando, eligiendo, convirtiéndose. Si reconocemos o no que los niños también son personas, determinará si la educación se convierte en una práctica de liberación o en otro instrumento de control.

4

Las escuelas deben ser refugios de seguridad y respeto extraordinarios

La educación está fallando en una tarea básica: preparar a las personas para ser humanas en un mundo complejo e interconectado. Las escuelas afirman formar a los líderes, innovadores y ciudadanos del mañana, pero muchas aún dependen de modelos que valoran la obediencia por encima de la curiosidad, la estandarización por encima de la autoconciencia y la competencia por encima de la colaboración. Si las escuelas no se convierten en refugios de seguridad poco común y respeto extraordinario, seguirán formando personas que pueden memorizar fórmulas pero no resolver conflictos, que pueden seguir instrucciones pero tienen dificultades para formar relaciones auténticas, y que están entrenadas para exámenes pero no preparadas para la vida.

No basta con enseñar información. Las escuelas deben cultivar la capacidad de navegar las relaciones humanas con empatía, autoconciencia y resiliencia. Sin esa base, el aprendizaje permanece superficial, desconectado y difícil de aplicar en el mundo. Por eso *Manifesto 25* enfatiza la inteligencia socioemocional y relacional. El cuarto punto fue sugerido por Alex Wiedemann, co-iniciador de una iniciativa de aprendizaje democrático en Alemania.

De *Manifesto 25*:

> ***Las escuelas deben ser refugios de seguridad y respeto extraordinarios.*** *La inteligencia socio-emocional y relacional debe estar en el centro—más allá de las calificaciones y los conceptos académicos estrictos—fomentando la empatía, la autoconciencia y la resolución constructiva de conflictos. La oportunidad de ser vulnerables en un espacio seguro, permite conexiones genuinas y auténticas con los demás y con uno mismo. De este modo, las escuelas establecen la base interpersonal que los estudiantes necesitan para navegar perspectivas diversas y prosperar en un mundo interconectado. Estas inteligencias no son opcionales; son el pilar fundamental del crecimiento personal y del progreso colectivo.*

La mayoría de las escuelas aún definen el éxito en términos académicos estrechos, tratando la inteligencia emocional como un complemento agradable en lugar de una necesidad. Pero la capacidad de comunicarse, empatizar y resolver conflictos no es extracurricular. Es la base para el aprendizaje y la colaboración. Un estudiante que destaca en cálculo pero no puede recibir retroalimentación o resolver desacuerdos tendrá dificultades en cualquier entorno laboral o comunitario. Un escritor talentoso que nunca tiene espacio para explorar la vulnerabilidad puede que nunca desarrolle la confianza para asumir riesgos creativos (Durlak *et al.*, 2011; Jones *et al.*, 2017; OCDE, 2021).

El verdadero crecimiento intelectual exige más que acceso a contenidos. Requiere el valor de cuestionar, de fracasar y de hablar con honestidad en conversaciones difíciles. Un aula construida sobre una seguridad poco común y un respeto extraordinario no protege a los estudiantes del desafío. Los prepara para enfrentarlo. Cuando los aprendices confían en que sus ideas serán recibidas con curiosidad en lugar de ridículo, asumen riesgos intelectuales. Van más allá de la memorización hacia la indagación. Discuten con cuidado. Desarrollan la resiliencia necesaria para la complejidad. Sin esa base, el aprendizaje se convierte en una actuación en vez de un descubrimiento.

Una escuela que prioriza la inteligencia relacional no tolera la falta de respeto, ya sea que se manifieste como acoso, inequidad sistémica o respuestas despectivas a las preocupaciones estudiantiles. Construye estructuras para el diálogo. Trata el conflicto como un momento de aprendizaje, no como un problema que debe ocultarse o eliminarse. El respeto no son modales. Es un compromiso de tomar en serio las experiencias de otras personas.

Considere la diferencia entre un aula donde los estudiantes temen la vergüenza y otra donde se sienten lo suficientemente seguros para asumir riesgos. En la primera, la participación es cautelosa, la discusión permanece superficial y el aprendizaje se vuelve transaccional. En la segunda, los estudiantes llevan su pensamiento más lejos, debaten ideas abiertamente y desarrollan la capacidad de recuperarse de los fracasos. El mismo contraste aparece en la disciplina. Una escuela que solo recurre al castigo enseña obediencia, no resolución. Una escuela que guía a los estudiantes a comprender el daño, reconocer el impacto y reparar las relaciones enseña habilidades que usarán toda la vida.

Un camino práctico es *integrar la justicia restaurativa en la vida escolar diaria*. En lugar de recurrir automáticamente a suspensiones o detenciones, las escuelas pueden crear espacios facilitados donde los estudiantes aborden conflictos, reparen daños y reconstruyan la confianza. Cuando surge un conflicto, un círculo restaurativo puede reunir a los involucrados para que hablen desde sus perspectivas, escuchen sin interrupciones y trabajen hacia una resolución significativa. Este enfoque puede reducir la reincidencia de conflictos mientras enseña empatía y responsabilidad en tiempo real (Darling-Hammond *et al.*, 2020; Gregory *et al.*, 2016).

Otro camino es *enseñar la vulnerabilidad a través de espacios de aprendizaje reflexivo*. En una cultura que premia el rendimiento por encima del proceso, los estudiantes aprenden a ocultar la incertidumbre y a evitar admitir lo que no saben. Las escuelas pueden contrarrestar esto incorporando prácticas reflexivas en el currículo: diarios, círculos de diálogo y narrativas personales. Una clase de literatura podría comenzar la semana con breves reflexiones sobre cómo los temas de una novela se relacionan con la vida de los estudiantes. Una clase de ciencias podría pedir a los estudiantes que documenten los fracasos como evidencia de aprendizaje, tratando los errores como parte del descubrimiento. Estas prácticas pequeñas y consistentes crean una cultura donde la honestidad es segura y el crecimiento se vuelve visible.

Un cambio más profundo proviene de *adoptar la educación democrática*, donde los estudiantes tienen voz real en la construcción de su entorno de aprendizaje. Esto significa ir más allá de los "consejos estudiantiles" simbólicos que solo organizan eventos e involucrar a los estudiantes en decisiones que afectan la vida diaria. Las escuelas comprometidas con la práctica democrática realizan asambleas regulares donde estudiantes y personal discuten reglas, prioridades de aprendizaje y preocupaciones de la comunidad. Algunas incluyen a estudiantes en los comités de selección de nuevos docentes, reconociendo que quienes más se ven afectados por estas decisiones merecen una participación real. Cuando los estudiantes son tratados como contribuyentes y no solo como receptores, el respeto se vuelve mutuo y la escuela se convierte en una práctica para la vida cívica (Fielding & Moss, 2011; Mitra, 2018).

Nada de esto es fácil. Requiere que las escuelas desafíen suposiciones arraigadas sobre la autoridad, la disciplina y quién toma las decisiones. Pero la recompensa es real. Las escuelas que ponen en el centro la inteligencia socioemocional y relacional no solo forman estudiantes más fuertes. Forman pensadores, colaboradores y ciudadanos más sólidos, personas capaces de convivir con otros, liderar con integridad y construir una sociedad más justa y humana.

La inteligencia socioemocional y relacional no es opcional ni secundaria al rendimiento académico. Es lo que hace que el aprendizaje sea aplicable, que las relaciones sean posibles y que la vida tenga sentido. Las escuelas y las comunidades de aprendizaje deben asumir esta responsabilidad no como algo optativo, sino como el núcleo de aquello para lo que existe la educación.

5

El aprendizaje auténtico surge de la libertad, no de ser empujado hacia un camino predeterminado

Durante demasiado tiempo, la educación se ha estructurado en torno al control. Los estudiantes son ubicados en trayectorias predeterminadas, se les dice qué aprender, cuándo aprenderlo y cómo se medirá el éxito. El resultado es que la obediencia se confunde con educación. Las escuelas premian a quienes siguen instrucciones y penalizan a quienes se desvían, confundiendo la obediencia con el dominio. La curiosidad, motor del verdadero aprendizaje, es suprimida. La motivación intrínseca se erosiona. El aprendizaje se convierte en un acto pasivo, algo que se hace a los estudiantes en lugar de algo que ellos persiguen con agencia y propósito.

Esto es una falla de diseño, no de capacidad. Los seres humanos son aprendices naturales. Cuando se les da espacio para explorar, cuestionar y experimentar, las personas buscan el conocimiento porque desean comprender. Pero cuando la educación se convierte en una cadena de tareas por completar en lugar de un proceso de descubrimiento, incluso las mentes más inquisitivas se desconectan. Para reparar esto, debemos ir más allá de los modelos rígidos y jerárquicos que presentan a los docentes como guardianes y a los estudiantes como recipientes vacíos. Necesitamos un aprendizaje horizontal y colaborativo que valore la enseñanza y el aprendizaje entre pares, la responsabilidad compartida y la libertad de aprender a un ritmo que se adapte al aprendiz (Reeve, 2012; Mitra, 2018).

LA EMOCIÓN DE SALTAR DE UN ACANTILADO POR DECISIÓN PROPIA ES UNA SENSACIÓN QUE NUNCA EXPERIMENTARÁS SI ALGUIEN MÁS TE EMPUJA.

Este punto en *Manifesto 25* fue inspirado por una conversación de hace una década con Marcel Kampman, quien enfatizó la importancia de contar con la agencia para probar cosas nuevas por propia voluntad:

De *Manifesto 25*:

> ***El aprendizaje auténtico surge de la libertad, no de ser empujado hacia un camino predeterminado.*** *El modelo tradicional jerárquico de maestro-alumno reprime la curiosidad y erosiona la motivación intrínseca, reduciendo el aprendizaje a ejercicios de cumplimiento. En su lugar, debemos adoptar enfoques colaborativos y horizontales que valoren el aprendizaje entre pares, la enseñanza compartida y la responsabilidad distribuida. Los educadores deben crear entornos donde los estudiantes puedan decidir cuándo y cómo dar sus saltos, sabiendo que el fracaso no es un punto final, sino un paso natural en el proceso de aprendizaje. Fallar es una parte esencial del aprendizaje, donde siempre podemos volver a intentarlo. En un entorno de aprendizaje horizontal, el rol del maestro es ayudar a garantizar que el aprendiz tome decisiones equilibradas. Fallar es parte del camino del aprendizaje, pero crear fracasos no lo es.*

El aprendizaje auténtico proviene de la libertad, no de ser empujado hacia un camino predeterminado. El modelo tradicional jerárquico de docente-estudiante suprime la curiosidad y erosiona la motivación intrínseca, reduciendo el aprendizaje a ejercicios de cumplimiento. En cambio, debemos adoptar enfoques horizontales y colaborativos que valoren el aprendizaje entre pares, la enseñanza entre pares y la responsabilidad distribuida. Los educadores deben crear entornos donde los estudiantes puedan decidir cuándo y cómo dar sus saltos, sabiendo que el fracaso no es un punto final sino un paso natural en el proceso de aprendizaje. Fallar es una parte natural del aprendizaje donde siempre se puede volver a intentar. En un entorno de aprendizaje horizontal, el papel del docente es ayudar a asegurar que el aprendiz tome una decisión equilibrada. El fracaso forma parte del proceso de aprendizaje; debe surgir de la exploración, no ser diseñado dentro del sistema.

El aprendizaje auténtico comienza cuando los estudiantes asumen la responsabilidad de su educación. Esto no significa abandonar la estructura ni dejar a los estudiantes a su suerte. Significa construir entornos donde los aprendices puedan tomar decisiones reales sobre su aprendizaje: cuándo avanzar, cuándo pedir orientación y cuándo detenerse y reevaluar. Significa permitir el fracaso sin vergüenza, reconociendo que el fracaso no es un callejón sin salida sino una parte necesaria, e incluso productiva, del aprendizaje. En un entorno de aprendizaje horizontal, los educadores no dictan las condiciones del éxito. Facilitan. Ayudan a los aprendices a tomar decisiones equilibradas. Guían sin coacción.

La educación a menudo trata el fracaso como algo que debe evitarse, una señal de insuficiencia personal en lugar de una parte normal del crecimiento. Esa mentalidad perjudica a los aprendices. Fallar no es el problema. Nuestra respuesta ante ello sí lo es. En un entorno dirigido por el aprendiz, el fracaso es información, una señal para reflexionar y recalibrar, no un veredicto sobre la capacidad. Esto no significa fabricar fracasos ni preparar a los estudiantes para perder. Hay una diferencia entre crear espacio para el riesgo y diseñar trampas. El objetivo es un espacio donde los errores funcionen como pasos hacia adelante, no como castigos impuestos por el sistema (Kapur, 2016; Dweck, 2006).

Algunos de los aprendizajes más profundos ocurren fuera de las aulas, en lugares donde la curiosidad guía y, a menudo, en contextos informales (Rogoff, 2003). Un niño aprende a andar en bicicleta no porque se lo asignen, sino porque quiere hacerlo. Lo intenta. Se tambalea. Se cae. Se ajusta. La motivación proviene del interior, y el aprendizaje perdura porque responde a un objetivo elegido por el aprendiz. El mismo patrón se observa al aprender un idioma, construir una hipótesis científica o crear arte. Cuanta más agencia tienen los aprendices, más significativo se vuelve el aprendizaje.

Esto es sentido común, no un cambio radical. Sin embargo, implementarlo requiere repensar las suposiciones sobre el poder y el control en la educación. Si creemos que el aprendizaje importa, debemos dejar de forzar a los estudiantes por caminos rígidos y comenzar a construir sistemas que confíen en que ellos pueden dar sus propios saltos. La educación no debe consistir en cumplir con indicadores predeterminados. Debe crear las condiciones para que los aprendices puedan desarrollarse en sus propios términos.

CAHIER UNO

La educación más allá de los modelos antiguos

ENMARCANDO

La educación enfrenta una paradoja. El futuro ya está aquí, pero las escuelas siguen ancladas en modelos del pasado. En todo el mundo, pequeñas e innovaciones dispersas han mostrado destellos de lo que es posible, pero la educación convencional se queda atrás, aferrándose a estructuras diseñadas para otra época. No podemos esperar que las escuelas 1.0 satisfagan las necesidades de aprendices que viven en mundos 3.0, 4.0 o 5.0. Si queremos que la educación prepare a las personas para crear futuros significativos, debemos replantear su propósito y diseño desde la raíz.

Esto comienza por reconocer que los aprendices no son productos del sistema, sino personas con voz, derechos y agencia. Los niños y jóvenes deben ser vistos como seres humanos plenos que merecen opinar sobre cómo aprenden y cómo se gobiernan sus escuelas. Su participación no es un privilegio; es una cuestión de derechos e inclusión.

Para que las escuelas honren esto, deben ser lugares de seguridad y respeto, donde la inteligencia relacional se cultive con tanta seriedad como el conocimiento académico. Los aprendices necesitan espacios donde puedan ser vulnerables, comprendidos y apoyados, no juzgados por medidas estrechas de desempeño. Estas condiciones permiten un crecimiento auténtico y los preparan para prosperar en comunidades diversas e interconectadas.

Pero la seguridad y el respeto por sí solos no son suficientes. El aprendizaje debe liberarse de los caminos predeterminados que lo reducen al cumplimiento. La educación genuina surge cuando los estudiantes tienen la libertad de seguir sus propias direcciones, apoyados por educadores que actúan como guías, colaboradores y coaprendices. En estos entornos, los errores no son castigos sino peldaños hacia una comprensión más profunda.

Para avanzar, la educación debe dejar de copiar el pasado y, en cambio, abrazar futuros que ya existen en fragmentos. Debemos aprender de estos experimentos vivos, conectarlos y escalarlos. La decisión que tenemos por delante es entre aferrarnos a modelos obsoletos o cocrear una educación que empodere a los aprendices como participantes plenos en la construcción del futuro.

PREGUNTAS PARA LA REFLEXIÓN

1. **Sistema vs. individuo.** ¿Cuándo te diste cuenta de que la escolarización te estaba formando para servir al sistema en lugar de prepararte para tu propio futuro? ¿Qué perdiste (o ganaste) en ese momento?
2. **Rutinas arraigadas.** ¿Qué prácticas en tu escuela, universidad o lugar de trabajo te parecen reliquias de otro siglo? ¿Por qué persisten y quién se beneficia de mantenerlas?
3. **Seguridad vs. cumplimiento.** ¿Alguna vez te has sentido silenciado, avergonzado o inseguro en un espacio de aprendizaje? ¿Qué estructuras o culturas crearon ese entorno y qué haría falta para desmantelarlas?
4. **Aprendices como personas.** Si se tomaran en serio los derechos y la agencia de cada estudiante, ¿qué reglas, rituales o estructuras de poder tendrían que desaparecer mañana?
5. **Libertad para fallar.** ¿Dónde, en tu aprendizaje o trabajo actual, te sientes realmente libre para asumir riesgos, fallar y volver a intentarlo? ¿Dónde eres castigado por ello en cambio?

Intenta esto

Toma una hoja de papel o utiliza las páginas de notas que siguen. Mapea una semana de tu vida de aprendizaje o trabajo. ¿Dónde has visto o experimentado momentos de verdadera libertad, donde la curiosidad, la experimentación o incluso el fracaso se convirtieron en el camino hacia un aprendizaje más profundo?

Notes

Notes

Notes

Notes

6

Aprender juntos, enseñar juntos

EL PROBLEMA DE SEPARAR A LOS APRENDICES POR GRUPOS DE EDAD

La mayoría de las escuelas agrupan a los estudiantes estrictamente por edad, avanzándolos año tras año en cohortes paralelas. Esta estructura simplifica la programación y la entrega del currículo, pero también reduce el rango social y cognitivo de experiencias disponibles para los aprendices. Los niños pasan la mayor parte del día con pares en la misma etapa de desarrollo, mientras que adultos, padres, mayores y vecinos quedan relegados a los márgenes del aprendizaje formal. La educación se convierte en algo que se *hace* a los niños, no *con* los niños ni con las comunidades que los rodean.

La agrupación por edades en la educación surgió de los ideales de eficiencia y control de la era industrial, simplificando la instrucción, pero limitando la exposición de los aprendices a perspectivas diversas. Fuera de la escuela, rara vez vivimos, trabajamos o resolvemos problemas solo con personas de nuestra misma edad. Sin embargo, las escuelas aíslan a los aprendices de uno de los recursos educativos más valiosos disponibles: los unos a los otros.

Pero el aprendizaje nunca ha estado realmente limitado por la edad. A través de culturas y a lo largo de la historia, el conocimiento se ha transmitido mediante el trabajo compartido, la narración de historias, la imitación y el diálogo entre generaciones. Agricultores y herreros enseñaban a sus aprendices; los abuelos transmitían tradiciones y valores; los hermanos aprendían haciendo juntos. Estas formas orgánicas de aprendizaje fomentaban la confianza, la resiliencia y un sentido de propósito compartido. También permitían que las personas se movieran fluidamente entre los roles de aprendices y maestros.

Hoy en día, la investigación confirma el valor del aprendizaje intergeneracional. Los estudios muestran que los estudiantes mayores que orientan a los más jóvenes desarrollan empatía, habilidades de liderazgo y una comprensión más profunda de su propio conocimiento. Los estudiantes más jóvenes ganan confianza, apoyo personalizado e inspiración. Los adultos que participan en comunidades de aprendizaje con jóvenes reportan mayor bienestar, un propósito renovado y lazos sociales más fuertes. Los niños se benefician de la exposición a experiencias de vida diversas, prácticas culturales y enfoques para resolver problemas que ningún libro de texto podría ofrecer (Newman & Hatton-Yeo, 2008; Kaplan, 2002).

El aprendizaje intergeneracional es vital para navegar la complejidad de la vida moderna. Ninguna generación posee todas las respuestas. Las personas mayores aportan memoria histórica y sabiduría vivida, mientras que los jóvenes ofrecen adaptabilidad e ideas nuevas. Cuando estas perspectivas se reúnen, la educación pasa de la instrucción mecánica al aprendizaje relacional. Esto facilita un intercambio de ideas, cuidado y resolución compartida de problemas.

De *Manifesto 25*:

> ***Aprender juntos, enseñar juntos.*** *La educación prospera cuando cada uno se convierte en maestro y aprendiz a la vez. Al romper con los compartimentos artificiales de edades, las escuelas pueden transformarse en centros vibrantes donde niños, padres, personas mayores y miembros de la comunidad intercambian habilidades, ideas y creatividad, creando ecosistemas abiertos de conocimiento e intercambios. Los estudiantes mayores mentorean a sus compañeros más jóvenes mientras adquieren nuevas perspectivas, y los padres y líderes comunitarios aportan conoci-*

mientos del mundo real, enriquecidos por la curiosidad de los niños. Este proceso dinámico y recíproco celebra la sabiduría intergeneracional, fortalece los lazos sociales y empodera a todos para construir un futuro significativo.

APRENDIZAJE MÁS ALLÁ DE LOS COMPARTIMENTOS POR EDAD

Fuera de la escuela, la vida es intergeneracional. Las familias, comunidades y lugares de trabajo dependen de relaciones entre diferentes edades. Las escuelas deberían reflejar esa realidad, no negarla. Cuando los aprendices se agrupan en compartimentos cronológicos, pierden oportunidades diarias de aprender de la experiencia humana más amplia.

Romper esta estructura requiere rediseñar las escuelas como *ecosistemas compartidos de conocimiento.* Los estudiantes mayores se convierten en aprendices y mentores, modelando el crecimiento mientras desarrollan responsabilidad. Los estudiantes más jóvenes no son receptores pasivos, sino participantes activos cuyas preguntas generan nuevos conocimientos. Los educadores aprenden junto a los estudiantes, modelando humildad intelectual y una actitud de aprendizaje permanente.

Los beneficios de disolver los compartimentos por edad están bien establecidos en la práctica. Los programas de tutoría entre pares suelen mostrar avances tanto para el tutor como para el tutelado en crecimiento académico, comunicación y autoconfianza. Las aulas de edades mixtas, comunes en escuelas Montessori y democráticas, tienden a favorecer la colaboración, la autonomía y la madurez emocional. El aprendizaje basado en la comunidad que incluye a padres y personas mayores fortalece el intercambio cultural y la conexión cívica.

Cuando las escuelas acogen a personas de diferentes edades en el aprendizaje, se convierten en espacios cívicos. El aprendizaje se integra en las relaciones. La educación adquiere profundidad social. Las personas son valoradas por lo que pueden aportar, no definidas por lo que les falta. El aula se expande, y también la imaginación de lo que la educación puede ser.

TODOS APRENDICES, TODOS MAESTROS

En un ecosistema de aprendizaje saludable, los roles permanecen fluidos. Los niños enseñan. Las personas mayores aprenden. Los docentes admiten la incertidumbre. Los padres modelan la curiosidad. La idea de que el conocimiento solo fluye en una dirección, del experto al principiante, reduce la experiencia humana y confunde la transferencia de información con el aprendizaje. El conocimiento personal se construye continuamente. Todos somos aprendices y maestros, a menudo al mismo tiempo.

La reciprocidad requiere un cambio de mentalidad. Significa tomar en serio el conocimiento dondequiera que aparezca, sin importar la edad, el título o las credenciales. Un estudiante más joven podría enseñar a uno mayor a programar. Un abuelo podría transmitir técnicas de narración o sabiduría sobre jardinería. Un artista local podría co-crear un mural con niños, combinando técnica e imaginación. Para sostener esta cultura, las escuelas deben diseñar para el intercambio recíproco. Esto implica crear espacios físicos, sociales y culturales que reúnan a generaciones en torno a un trabajo compartido. Ya existen ejemplos en contextos formales y no formales.

1. Centros de aprendizaje multigeneracional
Las escuelas pueden asociarse con bibliotecas locales, centros comunitarios y espacios maker para crear centros donde personas mayores y jóvenes participen en proyectos conjuntos. Por ejemplo, Whatcom Intergenerational High School en el estado de Washington incorpora visitas regulares de personas mayores de la comunidad que ayudan a co-liderar seminarios, fomentando el diálogo crítico entre grupos de edad. Estos centros ofrecen experiencias de aprendizaje tanto formales como informales, combinando mentoría, narración de historias y resolución colaborativa de problemas.

2. Bancos de tiempo y redes de intercambio de habilidades
Inspiradas en los modelos comunitarios de bancos de tiempo, las escuelas pueden implementar sistemas donde las personas ofrezcan su experiencia a cambio de aprender algo nuevo. Un mecánico jubilado podría enseñar física práctica reparando bicicletas; un adolescente podría dar tutoría en habilidades digitales a

cambio. El Intergenerational Learning Center en St. Joseph's Home en Singapur es un ejemplo, donde personas mayores y niños participan regularmente en actividades recíprocas de cuidado y narración de historias.

3. Huertos y aulas al aire libre

Los proyectos de cultivo compartido ofrecen un entorno poderoso para el aprendizaje. En Japón, los huertos de aprendizaje intergeneracional, como el Proyecto de Educación para el Desarrollo Sostenible de Okayama, reúnen a personas mayores y niños para cultivar vegetales, discutir los cambios estacionales e intercambiar conocimientos culturales. Estos huertos no solo profundizan la comprensión de los ciclos ecológicos y los sistemas alimentarios, sino que también fortalecen el respeto entre generaciones. Investigaciones de Wang, Huang y Lee (2023) respaldan que tales programas fomentan lazos emocionales, mejoran el conocimiento sobre la alimentación y crean experiencias de aprendizaje colaborativo entre grupos de edad.

4. Proyectos curriculares co-diseñados

Estudiantes, padres y miembros de la comunidad pueden colaborar para co-diseñar partes del currículo. Por ejemplo, en algunas escuelas de Nueva Zelanda influenciadas por pedagogías maoríes, el whānau (familia extendida) participa en la planificación y entrega de contenidos vinculados a la historia cultural, los valores y la lengua (Neha, *et al.*, 2020). Este enfoque sitúa el aprendizaje como una responsabilidad colectiva y lo integra en el lugar, la identidad y el sentido de pertenencia.

5. Redes vecinales y comunitarias

En lugar de aislar el aprendizaje en las aulas, las escuelas pueden adoptar un enfoque en red, animando a los estudiantes a realizar historias orales, mapear recursos del vecindario o trabajar con líderes cívicos en desafíos locales. Los proyectos intergeneracionales arraigados en el contexto local hacen que el aprendizaje sea tangible y participativo. Un ejemplo es la Shibuya University Network, que facilita clases gratuitas de interés comunitario para y por personas de todos los ámbitos de la vida.

A través de estas estrategias, el objetivo es ir más allá de la participación simbólica y avanzar hacia la colaboración genuina. El aprendizaje intergeneracional se vuelve transformador cuando todos los participantes se sienten valorados, responsables y capaces de contribuir. No se trata de transferir conocimiento estático de los mayores a los jóvenes, sino de formar relaciones vivas que se adaptan y crecen.

Al diseñar este tipo de educación, debemos preguntarnos: *¿Quién está incluido en el proceso de aprendizaje? ¿Qué conocimientos cuentan? ¿Cómo podemos crear ecosistemas donde todos, sin importar la edad, tengan un papel en la construcción de lo que sabemos y cómo vivimos juntos?* Al empoderar a todos para enseñar y aprender, la educación se vuelve menos sobre estatus y más sobre participación. Se trata menos de control y más de contribución.

ESTRATEGIAS PARA CULTIVAR EL APRENDIZAJE INTERGENERACIONAL

Para pasar de la aspiración a la realidad, el aprendizaje intergeneracional debe estar respaldado por estructuras que promuevan la confianza, la colaboración y la responsabilidad compartida. A continuación se presentan cinco estrategias prácticas, cada una basada en modelos reales que las escuelas y comunidades pueden adoptar para crear ecosistemas de aprendizaje vibrantes y recíprocos.

1. Crear espacios compartidos de aprendizaje

Diseñe entornos acogedores donde aprendices de todas las edades colaboren en proyectos compartidos. Estos pueden incluir aulas de uso múltiple, espacios maker, bibliotecas públicas o centros de aprendizaje al aire libre que inviten a la reunión y exploración informal. Los espacios de aprendizaje compartido exitosos dependen de una infraestructura flexible que acomode una amplia gama de necesidades físicas, sensoriales y sociales. Los diseños debe priorizar la comodidad, la accesibilidad y la apertura para permitir que personas de todas las edades se desplacen, descansen e interactúen cómodamente. Igualmente importante es un modelo de gobernanza compartida que invite a todos los participantes, incluidos niños y personas mayores, a ayudar a definir cómo se utiliza y mantiene el espacio. Estas normas co-creadas fomentan la confianza, la responsabilidad y el sentido de pertenencia.

2. Fomentar la mentoría entre pares de diferentes edades

Establezca rutinas que emparejen a estudiantes mayores con estudiantes más jóvenes para ayuda académica, proyectos creativos o narración personal. Los mentores mayores desarrollan habilidades de liderazgo, mientras que los estudiantes más jóvenes reciben estímulo y orientación personalizada. Los programas de mentorías requieren una programación intencional: tiempo dedicado dentro de la jornada escolar para que los estudiantes puedan construir confianza entre grupos de edad. Los estudiantes mayores se benefician de una formación básica sobre cómo apoyar a sus compañeros más jóvenes, así como de oportunidades para reflexionar sobre la experiencia y su crecimiento como mentores. Estos programas prosperan cuando las escuelas reconocen la mentoría no como una actividad extracurricular, sino como una actividad central de aprendizaje, validando el tiempo y la atención necesarios para construir relaciones sólidas.

3. Invitar a miembros de la comunidad a co-enseñar

Cree oportunidades regulares para que padres, personas mayores, artesanos y trabajadores locales compartan sus habilidades e historias en el aula junto a los educadores formales. Para que la co-enseñanza tenga éxito, el liderazgo escolar debe estar abierto a redefinir quién es "docente". Esto incluye revisar las políticas relacionadas con el acceso al aula, la seguridad y el diseño instruccional. Los marcos curriculares deben incluir espacio para el conocimiento basado en la comunidad y permitir enfoques de aprendizaje no lineales y basados en la experiencia. Fundamentalmente, construir y mantener la confianza con los socios comunitarios requiere un alcance sostenido, escucha y capacidad de respuesta, especialmente con grupos que históricamente han sido excluidos de las escuelas.

4. Integrar el aprendizaje en proyectos comunitarios reales

Traslade las aulas a los vecindarios. Permita que equipos intergeneracionales trabajen en desafíos locales como la restauración ecológica, la justicia alimentaria o la historia oral. Las escuelas deben construir relaciones a largo plazo con organizaciones comunitarias, líderes cívicos y familias para co-diseñar proyectos de aprendizaje que sean relevantes, respetuosos y arraigados en el lugar. Esto requiere acuerdos de colaboración que definan roles, expectativas y beneficios mutuos. Los modelos de evaluación también deben evolucionar, valorando el proceso, la colaboración y el impacto por encima de la simple transmisión de contenidos. Finalmente, estos proyectos requieren tiempo. Ciclos de participación más largos que permitan que se forme la confianza, surjan desafíos y evolucionen soluciones.

5. Honrar las diversas alfabetizaciones y formas de conocimiento
Considere las tradiciones orales, la práctica corporal y la experiencia vivida como formas válidas de conocimiento más allá del texto escrito o el contenido estandarizado. Se debe apoyar a los educadores en el desarrollo de pedagogías culturalmente sostenibles que abracen múltiples alfabetizaciones como la narración, el movimiento, la artesanía o la creación digital. Esto implica tanto aprendizaje profesional como flexibilidad estructural para permitir diferentes modos de evaluación, expresión y retroalimentación. Las aulas también deben convertirse en espacios dialógicos, donde el conocimiento se construye a través de la conversación, la reflexión y la actuación, en lugar de extraerse mediante pruebas o tareas rígidas.

El aprendizaje intergeneracional refleja cómo los seres humanos han aprendido durante la mayor parte de la historia. Cuando las escuelas se abren al mundo y permiten que todos enseñen y aprendan, la educación recupera su propósito social. Se convierte en un sistema vivo de reciprocidad basado en la confianza, la conexión y el crecimiento compartido.

Al dar la bienvenida a voces diversas, suavizar los límites de edad y valorar la sabiduría cotidiana, construimos no solo aulas más inclusivas, sino comunidades más fuertes. El aprendizaje se expande cuando aprendemos con y de otros a través de generaciones, contextos y experiencias vividas. La educación prospera cuando deja de trazar líneas entre nosotros y comienza a construir los puentes que todos necesitamos.

7

No más cajas: Aprender en ecosistemas

Aprender 'fuera de la caja' es un cliché.
¡Olvida la caja!

La mayoría de la educación formal divide la vida en compartimentos. Matemáticas a las 10 a. m. Ciencias después del almuerzo. La curiosidad, si queda tiempo. La estructura es ordenada y predecible. El aprendizaje real no lo es. Es desordenado: contextual, relacional y, a menudo, espontáneo. A pesar de décadas de reformas, la mayoría de las escuelas sigue dependiendo de la fragmentación. Las asignaturas permanecen aisladas. Los horarios siguen siendo rígidos. Los estudiantes se agrupan en cohortes simples y se separan de la complejidad del mundo que habitan.

De *Manifesto 25*:

> ***El aprendizaje ocurre en ecosistemas, no en cajas.*** *Los horarios rígidos y las aulas aisladas reducen la educación a un proceso transaccional, ignorando su naturaleza continua e interconectada. La escolarización formal debería ser solo un hilo dentro de un tejido más amplio de experiencias que incluya la familia, la comunidad, los lugares*

de trabajo y las redes digitales. Al combinar estos contextos, eliminamos las fronteras entre el aprendizaje formal e informal, permitiendo que el conocimiento y las habilidades circulen libremente. En tales entornos, los estudiantes aprenden a adaptarse a diversos roles, trabajar entre generaciones y adoptar perspectivas de fuentes inesperadas. Liberada de las limitaciones de las cajas, la educación alimenta la curiosidad y la autoconfianza, preparando a los aprendices para prosperar en un mundo en constante evolución.

REPENSAR DÓNDE Y CÓMO OCURRE EL APRENDIZAJE

El aprendizaje no comienza ni termina en las aulas durante horarios industriales. Las familias, los centros comunitarios, las bibliotecas, los espacios maker, los foros en línea y los lugares de trabajo conforman lo que las personas saben y cómo crecen. Estos espacios son partes vitales de cómo aprendemos (Ito, 2013; Barron, 2006).

Considere a Sofía, una joven de 14 años en Buenos Aires. En la escuela, tiene dificultades con las tareas tradicionales de escritura. Pero fuera de clase, dirige un blog de reseñas gastronómicas con su primo mayor, escribiendo, editando y promocionando publicaciones en Instagram y TikTok. Traduce publicaciones para atraer a una audiencia más amplia y colabora con cafeterías locales para destacar y promover su trabajo. Nada de esto aparece en su expediente escolar. Sin embargo, está desarrollando habilidades de comunicación, alfabetización digital y pensamiento emprendedor, todas habilidades que el currículo dice valorar.

Cuando las escuelas ignoran el aprendizaje más allá de sus muros, desconectan a los estudiantes de sus propias vidas. La mayoría de los sistemas aún tratan el conocimiento comunitario como enriquecimiento y no como aprendizaje esencial. Reconocer lo que los aprendices como Sofía ya hacen permitiría conectar los puntos: vincular la experiencia informal con los objetivos académicos y traducir la resolución de problemas en logros reconocidos.

Este cambio nos impulsa a diseñar para la relevancia sin bajar los estándares. Las escuelas pueden construir horarios flexibles para permitir tiempo para pasantías, trabajo de campo o servicio comunitario. Pueden ofrecer créditos por proyectos del mundo real y crear herramientas para que los estudiantes registren y reflexionen sobre el aprendizaje en diferentes contextos. Los educadores se convierten en guías que ayudan a los aprendices a tender puentes entre el hogar, la escuela y el mundo, no en guardianes de dónde comienza y termina el aprendizaje. En un ecosistema sano y funcional, las escuelas conectan el conocimiento más que simplemente transmitir información (Wenger, 1998; Brown & Duguid, 2000). Esto implica *atender a la creación de nuevo conocimiento* en lugar de intentar gestionarlo.

DE LA TRANSACCIÓN A LA CIRCULACIÓN

A pesar de décadas de reformas, muchas escuelas continúan funcionando como sistemas de entrega: el conocimiento se empaqueta, se entrega y se mide mediante procesos controlados. Este modelo trata el aprendizaje como una transacción aislada, sin captar cómo el verdadero crecimiento circula a través de relaciones, lugares y experiencias. A pesar de los llamados a la reforma, la escolarización sigue operando como un sistema de entrega: los docentes transmiten contenidos, se espera que los estudiantes los absorban y las pruebas se usan para validar el intercambio. Este modelo transaccional refuerza la separación entre disciplinas, entre aprendices y sus comunidades, y entre la educación y la experiencia vivida (Biesta, 2013; Freire, 1970). Pasa por alto cómo ocurre el aprendizaje real: a través de relaciones, por curiosidad y en respuesta al mundo.

Un modelo de ecosistema funciona de manera diferente. El conocimiento se mueve. Crece a través de la interacción, la conversación, el ensayo y error. Se comparte entre comunidades y se adapta mediante la experiencia vivida. En contraste, el aprendizaje en ecosistema crece mediante la interacción, la experimentación y la reflexión. El conocimiento se comparte, se remezcla y se reinterpreta en relaciones y entornos, convirtiéndose en algo a lo que los aprendices contribuyen además de consumir.

Es importante comprender este cambio. Los desafíos que enfrentan los jóvenes, o cualquiera de nosotros, no se ajustan a categorías definidas. Abordar el colapso climático, la seguridad alimentaria o el uso intencionado de la IA requiere integrar ideas de muchos campos y perspectivas. El éxito en estos espacios depende de la capacidad de colaborar con personas que piensan de manera diferente, hacer mejores preguntas y encontrar conexiones entre dominios.

Cuando el aprendizaje se diseña para la circulación, las escuelas se convierten en nodos de una red más amplia de conocimiento compartido y aprendizaje mutuo, un papel que va más allá de la simple transmisión de contenidos. Los docentes organizan las condiciones para la indagación. Los aprendices contribuyen con conocimientos, se nutren de sus comunidades y ponen a prueba ideas mediante la acción. Un profesor de ciencias puede colaborar con una granja local. Un proyecto de medios puede involucrar a personas mayores compartiendo historias orales. Un proyecto de matemáticas podría mapear el uso de energía en edificios del vecindario. El aprendizaje continúa dondequiera que se puedan formar relaciones y perseguir preguntas, sin detenerse.

Este enfoque cambia el papel de la escuela en la sociedad. En lugar de custodiar el conocimiento, las escuelas generan flujo. Conectan personas, ideas y experiencias que de otro modo permanecerían aisladas. Hacen visible y relevante el aprendizaje en los contextos donde ya ocurre. Al hacerlo, ayudan a los aprendices a desarrollar las habilidades, la empatía y la agilidad necesarias para enfrentar la complejidad del presente y dar forma a lo que viene.

DISEÑAR PARA ECOSISTEMAS

Avanzar hacia un enfoque ecosistémico requiere más que ampliar los lugares donde ocurre el aprendizaje. Implica una nueva manera de pensar sobre cómo se estructura, apoya y reconoce el aprendizaje. Las escuelas deben pasar de actuar como la autoridad central a convertirse en participantes activos de una red más amplia.

1. Trayectorias flexibles

Los aprendices siguen muchas rutas hacia el conocimiento. Los planes de aprendizaje personalizados deben considerar el aprendizaje que ocurre fuera de los muros escolares (por ejemplo, a través de pasantías, cuidado de personas, comunidades en línea, práctica artística, activismo y trabajo a tiempo parcial). Estas experiencias proporcionan fuentes legítimas, y a menudo más duraderas, de crecimiento.

2. Colaboraciones en red

Ninguna institución por sí sola puede satisfacer las necesidades de los aprendices actuales. Las escuelas deben trabajar en estrecha colaboración con bibliotecas, museos, empresas locales, organizaciones comunitarias y centros culturales. Estos aliados ayudan a construir oportunidades de aprendizaje relevantes y aplicadas. Un estudiante de diseño podría trabajar con una oficina de planificación urbana. Un grupo que estudia migración podría colaborar con una organización local de apoyo a personas refugiadas.

3. Espacios de aprendizaje intergeneracional

La mayoría de los entornos escolares agrupan a los aprendices por edad. En contraste, los ecosistemas de aprendizaje permiten que los aprendices interactúen con personas de diferentes generaciones. Un adolescente podría aprender carpintería de un vecino, orientar a un estudiante más joven en robótica o copresentar un pódcast con un abuelo o abuela. Estas interacciones fomentan la empatía, la resiliencia y la capacidad de navegar diferentes perspectivas.

4. Sistemas de reconocimiento abierto

Los aprendices necesitan formas de documentar lo que saben y lo que pueden hacer, especialmente cuando su aprendizaje no proviene de aulas tradicionales. Portafolios, insignias digitales, exhibiciones públicas y referencias de miembros de la comunidad pueden ofrecer evidencia significativa de crecimiento. El reconocimiento se centra más en las relaciones y el impacto que en los resultados de exámenes.

5. Indagación comunitaria

El aprendizaje se vuelve más poderoso cuando está arraigado en el lugar. Los proyectos que responden a desafíos locales (como el acceso a alimentos, la calidad del agua o la narración comunitaria) ayudan a los aprendices a construir un sentido de propósito mientras desarrollan habilidades. Estos proyectos locales a menudo se conectan con preguntas más amplias, brindando a los aprendices una visión de los patrones globales a través del compromiso personal.

Las escuelas no desaparecen en este diseño; evolucionan. Ya no intentan contener el aprendizaje dentro de estructuras rígidas. En cambio, se convierten en centros de una red más amplia: curadoras de oportunidades, constructoras de confianza y socias en un proceso de aprendizaje a lo largo de la vida. El resultado buscado es convertir la educación en una experiencia vivida y participativa.

ROMPIENDO CON LAS CAJAS

La educación ha dependido durante mucho tiempo de las cajas. Son fáciles de gestionar. Las aulas, los períodos y los grupos por edad existen para regular el movimiento y estandarizar la medición, de modo que los aprendices se conviertan en trabajadores estandarizados. El aprendizaje no sigue esas líneas. Se mueve entre lugares, ideas y relaciones. Un enfoque ecosistémico acepta este movimiento y trata la experiencia vivida como una fuente de profundidad, no de desorden.

Estos entornos son porosos. Permiten el movimiento entre lugares, ideas y comunidades. Los aprendices traen consigo experiencia, conocimiento y motivación desde fuera de los muros escolares. Así como Sofía en Buenos Aires, cuyo trabajo en línea revela talentos ocultos por las tareas tradicionales, muchos jóvenes ya operan en ecosistemas de aprendizaje ricos que muchos adultos no logran reconocer.

Cuando el aprendizaje está vinculado al mundo real, las personas comienzan a verlo de manera diferente. Un estudiante de secundaria que ayuda a traducir documentos en una clínica aprende alfabetización aplicada y responsabilidad cívica. Un estudiante de preparatoria que gestiona un pequeño negocio con su familia desarrolla habilidades financieras, de resolución de problemas y de colaboración. Estos momentos se valoran como "lugares" donde ocurre el aprendizaje.

Cuando los aprendices ven que su trabajo tiene sentido (para sí mismos, para sus comunidades, para el mundo), comienzan a confiar en que el aprendizaje vale el esfuerzo. Los ecosistemas de aprendizaje invitan a las escuelas a crecer hacia la vida.

8

Aprender en la intersección entre agencia y autoeficacia

En el corazón de una educación significativa hay una idea poderosa: los aprendices prosperan cuando se confía en que pueden dar forma a su aprendizaje y creen que son capaces de tener éxito. Esta fusión de agencia (tener opciones reales) y autoeficacia (creer en la propia capacidad para actuar sobre esas opciones) transforma la educación de una simple obediencia rutinaria en un crecimiento con propósito.

De *Manifesto 25*:

> ***El nirvana se encuentra en la fusión de la autonomía con la autoeficacia.*** *Cuando los aprendices y educadores logran tanto la autonomía (la libertad para trazar su propio camino) como la autoeficacia (la confianza en su capacidad de tener éxito), la educación trasciende los objetivos tradicionales y alcanza su propósito final: empoderar a las personas para llevar vidas plenas y significativas. Las escuelas deben cultivar activamente este equilibrio al combinar un aprendizaje guiado por la elección con oportunidades consistentes para que los estudiantes desarrollen y demuestren su competencia. Esta fusión no solo prepara a los estudiantes para el futuro, sino que también los inspira a imaginarlo y crearlo.*

La agencia sin autoeficacia conduce a la deriva sin rumbo. Un aprendiz con opciones, pero sin habilidades o confianza puede desconectarse. La autoeficacia sin agencia se convierte en obediencia. Los aprendices siguen los planes de otros, pero no lideran los propios. El empoderamiento surge cuando las personas son libres y capaces de tomar decisiones significativas, reflexionar sobre su progreso y adaptarse con propósito.

Con demasiada frecuencia, las escuelas fallan en ambos aspectos. Lo que se presenta como "alternativas" o "opciones" se convierte en un conjunto de selecciones falsas, basadas en decisiones superficiales como asignaturas optativas, colores de pintura o disposición de los asientos, mientras que la competencia se mide a través de pruebas de alto impacto. Los aprendices navegan un sistema que no respeta ni la autonomía ni la confianza. Para cambiar esto, los entornos de aprendizaje deben apoyar tanto la libertad como el crecimiento. Esto implica co-diseñar los objetivos de aprendizaje, ofrecer diversas formas de demostrar comprensión y crear espacio para la iteración, el error y la reflexión. Los aprendices que reflexionan sobre su progreso y comprenden que el crecimiento está bajo su control toman la iniciativa, perseveran y piensan creativamente sobre el futuro.

LA MENTE NECESITA TANTO AGENCIA COMO AUTOEFICACIA

La neurociencia y la psicología confirman lo que muchos educadores saben: el aprendizaje florece cuando las personas se sienten tanto autónomas como capaces. La agencia, el sentido de control sobre las acciones, es clave para la motivación. Cuando los aprendices toman decisiones reales, el cerebro libera dopamina, lo que impulsa la curiosidad y el compromiso. Según la teoría de la autodeterminación (Deci & Ryan, 1985), la autonomía mejora el rendimiento, la creatividad y la perseverancia. La autoeficacia, la creencia en la propia capacidad para tener éxito, es igualmente importante. El psicólogo Albert Bandura (1997) descubrió que la autoeficacia predice el esfuerzo, cómo los aprendices enfrentan los contratiempos y si persisten. La creencia en la capacidad conduce a la resiliencia y al crecimiento.

La ciencia cognitiva muestra que la toma de decisiones y el establecimiento de metas activan la corteza prefrontal, fortaleciendo la planificación, la autorregulación y la adaptabilidad. Cuando los aprendices practican la agencia y experimentan progreso, desarrollan hábitos mentales que apoyan el aprendizaje a lo largo de la vida. La fusión de agencia y autoeficacia respalda la motivación, la salud mental y el pensamiento flexible. Es esencial para un aprendizaje profundo y significativo.

Un tema central en *Manifesto 25* es que la educación convencional se basa en suposiciones obsoletas sobre la motivación y el aprendizaje, y a menudo prioriza la obediencia sobre la curiosidad. Cuando las escuelas restringen la agencia y la autoeficacia, suprimen el aprendizaje genuino. Los entornos que apoyan el crecimiento real hacen ambas cosas: ofrecen opciones significativas y refuerzan la creencia de que las personas pueden actuar sobre ellas. Este doble enfoque, elección y confianza, ayuda a las personas a navegar la incertidumbre con claridad, resiliencia y propósito.

DISEÑAR PARA LA FUSIÓN DE AGENCIA Y AUTOEFICACIA

Fusionar agencia y autoeficacia requiere acciones que vayan más allá de cambios superficiales. Implica repensar cómo se estructura y apoya el aprendizaje. Aquí se presentan cinco principios de diseño que ayudan a hacerlo posible:

1. Currículo que fomente apropiación y propósito

Invite a los estudiantes a participar en el diseño curricular, donde la relevancia impulsa la motivación y la motivación profundiza el aprendizaje. Incorpora flexibilidad en qué y cómo las personas aprenden sin perder profundidad. Estructura el aprendizaje en torno a problemas abiertos e interdisciplinarios:

- *¿Cómo podemos hacer que nuestro campus sea más sostenible?*
- *¿Quiénes son recordados en la historia y por qué?*

2. Evaluación que construye confianza en lugar de cumplimiento

La autoeficacia crece a través del progreso real. Utiliza evaluaciones transparentes, variadas y formativas. Los portafolios, la retroalimentación entre pares, las presentaciones públicas y la definición de metas ayudan a que los estudiantes vean el aprendizaje como un proceso de crecimiento.

3. Estructuras que apoyan la autonomía sin abandonar a los estudiantes

La agencia necesita apoyo. La planificación semanal, los seguimientos, los diarios de reflexión y los periodos de tutoría ayudan a los estudiantes a gestionar la complejidad. Estas rutinas apoyan la autonomía.

4. Una cultura de confianza, altas expectativas y pertenencia

La autoeficacia crece en entornos seguros. Construye una cultura de normas compartidas, respeto mutuo y reconocimiento. Cuando los estudiantes saben que su voz importa, creen que pueden marcar la diferencia.

5. Los educadores también necesitan agencia y autoeficacia

Los educadores son diseñadores de aprendizaje, no transmisores de contenido. Plantean preguntas, ofrecen retroalimentación y aprenden con otros. Esto requiere tiempo, confianza y autonomía. Un sistema que niega la agencia a los educadores no puede fomentarla en los estudiantes.

EN LA PRÁCTICA...

Cuando observamos entornos de aprendizaje que apoyan tanto la agencia como la autoeficacia, no encontramos desorden. Encontramos enfoque, energía y propósito. Estos espacios están estructurados con intención. Ofrecen libertad a los estudiantes, junto con las herramientas para usarla adecuadamente. Los límites son claros, pero existen para apoyar la experimentación y el crecimiento. Los estudiantes realizan trabajos que son importantes para ellos, guiados por expectativas que ayudan a definir junto con sus pares y educadores.

En la escuela secundaria High Tech, en Estados Unidos, los estudiantes co-diseñan proyectos con los docentes, presentan sus ideas, revisan su trabajo y lo comparten públicamente. En las Escuelas Lumiar en Brasil, configuran su educación seleccionando desafíos temáticos. El progreso se registra mediante portafolios y conversaciones regulares, no por calificaciones de exámenes. En

Finlandia, los estudiantes participan en reuniones de clase donde ayudan a decidir las normas del aula, los objetivos de aprendizaje y las prioridades.

Por supuesto, estos no son ejemplos aislados y podemos ver elementos de agencia y autoeficacia fusionados en diversos entornos. Sin embargo, estos ejemplos muestran cómo las escuelas pueden construirse de manera diferente. Con las estructuras adecuadas, los estudiantes son tratados como personas reflexivas y capaces. Se les da espacio para crecer, pero también se les pide que asuman la responsabilidad de ese crecimiento. Cuando este equilibrio existe, la escuela se convierte en un lugar de propósito, no de rutina.

Cambiar el funcionamiento de las escuelas implica cuestionar viejos hábitos. Significa superar la idea de que la educación es cuestión de control. Como se afirma en el manifiesto, el propósito de la educación no es hacer que las personas se adapten al mundo tal como es, sino ayudarles a imaginar cómo podría ser—*y ayudarles a hacerlo realidad*. La agencia y la autoeficacia no deben tratarse como algo separado del currículo. Son lo que hace posible este tipo de aprendizaje.

Cuando las personas *saben* que tienen opciones reales y creen que pueden marcar la diferencia, dejan de esperar el futuro. Comienzan a darle forma. Las escuelas que apoyan esta mentalidad preparan a los estudiantes para liderar el futuro.

9

Docentes en una encrucijada

Pedimos a los docentes que preparen a los estudiantes para un mundo impredecible, impregnado de IA y con volatilidad climática. Sin embargo, tratamos a esos mismos educadores como si su trabajo fuera ejecutar instrucciones, no co-crear soluciones.

Esto es lo que ocurre en un sistema diseñado para replicarse a sí mismo. Pero una buena educación no ocurre sin interpretación. Es un acto profundamente contextual, improvisado y relacional. Si queremos que los jóvenes aprendan a colaborar, adaptarse y pensar críticamente, entonces sus docentes deben estar empoderados para modelar esas capacidades. La docencia debe entenderse como un trabajo intelectual complejo, creativo y con consecuencias.

De *Manifesto 25*:

> ***Los educadores son creadores, colaboradores e innovadores—no engranajes en una máquina.*** *Reducirlos a simples implementadores de métodos heredados debilita tanto a los aprendices como al futuro de la educación. Para responder a las demandas de un mundo dinámico e interconectado, es fundamental valorar a los educadores como individuos con necesidades, aspiraciones y un potencial creativo únicos. Transformar la educación implica empoderar a los educadores como co-creadores, proporcionándoles confianza, herramientas y recursos para impulsar la innovación. Reconocer a los educadores como profesionales y socios fomenta entornos de aprendizaje donde tanto maestros como estudiantes prosperan, inspirando curiosidad, adaptabilidad y resiliencia.*

LA VIDA EN LA MÁQUINA

Durante las últimas cuatro décadas, oleadas de reformas neoliberales han redefinido a los docentes como implementadores de mandatos externos (es decir, *transmisores* de contenido en lugar de *diseñadores*). En nombre de la "rendición de cuentas", los responsables políticos han introducido planes de estudio estandarizados, pruebas de alto impacto y herramientas de gestión del desempeño diseñadas para medir la fidelidad, no la imaginación. Como observa Stephen Ball (2003), este régimen de gerencialismo transforma a los educadores en mecanismos de entrega de políticas, alienados de su propio trabajo. Michael Apple (2004) va más allá, argumentando que este giro tecnocrático despoja a los docentes de autonomía profesional y sirve a una agenda política de escolarización despolitizada y alineada con el mercado.

Los síntomas están en todas partes:

- **Reducción del currículo** que recompensa el contenido evaluable por encima del aprendizaje profundo.
- **Vigilancia en tiempo real** mediante sistemas de gestión del aprendizaje y herramientas de IA que cuantifican cada clic y pulsación de tecla.
- **Marcos de evaluación** que reducen el trabajo pedagógico complejo a rúbricas y listas de verificación.
- **Desgaste y abandono** impulsados por la desmoralización y la erosión del propósito (Santoro, 2011).

Esto es perjudicial para el aprendizaje. Cuando a los educadores se les niega el espacio para ejercer su juicio profesional, la creatividad desaparece del aula. El riesgo se evapora. Los estudiantes aprenden a desempeñarse, no a indagar. ¿El resultado? Una profesión en crisis. Un problema de vocaciones, no porque la gente no quiera enseñar, sino porque ya no reconoce el trabajo como profesional. La alegría de enseñar (es decir, diseñar experiencias, apoyar el descubrimiento, responder a las necesidades de estudiantes reales) está siendo lentamente automatizada, externalizada o eliminada.

Sin embargo, la investigación muestra de manera consistente que la agencia docente es tan importante para el bienestar del educador como para los resultados de los estudiantes (Bandura 1997; Deci & Ryan, 1985). Los docentes que se sienten confiados, valorados y empoderados tienen más probabilidades de innovar, conectar de manera significativa con los estudiantes y permanecer en la profesión. La agencia es fundamental tanto para la construcción de entornos de aprendizaje efectivos como para la identidad profesional de los educadores.

No podemos construir sistemas educativos adaptativos y equitativos sobre una base de cumplimiento docente. Necesitamos educadores que puedan pensar, cuestionar y crear. Pero para lograrlo, primero debemos identificar (y desmantelar) los sistemas que los han limitado.

EDUCADORES COMO DISEÑADORES

Si la educación quiere seguir siendo adaptativa y orientada al futuro, debemos dejar de tratar a los docentes como trabajadores de fábrica. La enseñanza se centra en diseñar experiencias y crear entornos donde la indagación prospere, el conocimiento evolucione y los estudiantes asuman riesgos intelectuales.

El trabajo de diseño va mucho más allá de la entrega de un currículo. Requiere interpretación, creatividad y capacidad de respuesta al contexto. Los docentes toman decisiones constantes sobre cómo plantear preguntas, exigir precisión o hacer pausas para el cuidado. Estos son juicios basados en el conocimiento, no tareas para marcar en una lista.

Cambiar el paradigma de la transmisión al diseño requiere reconocer a los docentes como *trabajadores del conocimiento,* no como engranajes de una máquina o agentes de cumplimiento. Como argumentan Pantić y Florian (2015), la agencia docente es un motor clave de la innovación significativa. Cuando los educadores están empoderados para co-crear el currículo, adaptar la pedagogía e inventar nuevas ecologías de aprendizaje, los estudiantes reciben una experiencia mucho más rica.

No consideremos los ejemplos habituales de aprendizaje basado en proyectos o unidades de indagación, sino aquellos que marcan los límites:

- **Hackeo subterráneo del currículo**, donde los educadores subvierten el contenido prescrito para incluir libros prohibidos, historias locales o epistemologías.
- **Diseño educativo especulativo**, donde los educadores colaboran con los estudiantes para imaginar las escuelas del futuro, repensando todo, desde los horarios hasta las evaluaciones y el papel de la IA.
- **La enseñanza como práctica social**, donde las aulas se convierten en centros de organización, diseñando campañas, construyendo solidaridad o prototipando estructuras de ayuda mutua.

Este trabajo se fundamenta en el propósito y se manifiesta en diversos contextos. Desde Nairobi hasta Nápoles, los educadores rediseñan sus roles no porque los sistemas se lo permitan, sino *porque es necesario*. Redes como Rethinking Schools, el Human Restoration Project y colectivos de docentes-activistas en comunidades desatendidas modelan una contra-profesionalidad reflexiva, insurgente y creativa.

Pero la innovación sin infraestructura colapsa. Para apoyar a los educadores como diseñadores, los sistemas deben pasar de la vigilancia al acompañamiento.

LA INNOVACIÓN REQUIERE CONFIANZA E INFRAESTRUCTURA

La innovación en educación comienza con la confianza.

Cuando los responsables de políticas piden una "transformación", a menudo se enfocan en herramientas visibles y fáciles de gestionar, como plataformas digitales, nuevos indicadores y paneles sofisticados. Prometen crear cambios significativos y positivos, pero el cambio rara vez ocurre. La transformación auténtica sucede a nivel de las relaciones, el tiempo y la cultura. No se puede automatizar la inspiración. Y no se puede sistematizar la innovación despojando a los educadores de las condiciones que la hacen posible.

En su esencia, la innovación educativa requiere tres componentes:

- **Autonomía profesional**: Los docentes necesitan espacio para interpretar, diseñar y desviarse de guiones que no benefician a sus estudiantes.
- **Tiempo colaborativo**: No para reuniones de cumplimiento, sino para la indagación compartida, el soñar, la creación de prototipos y la reflexión.
- **Culturas de confianza**: Donde asumir riesgos sea seguro, la disidencia sea bienvenida y el aprendizaje sea mutuo entre docentes, estudiantes, líderes y comunidades.

Hargreaves y Fullan (2012) sostienen que la innovación florece cuando las escuelas construyen "capital profesional", donde la experiencia, el propósito moral y la responsabilidad compartida guían la práctica. En contraste, cuando las escuelas se rigen por la desconfianza (por ejemplo, medida por pruebas de alto impacto y gestionada mediante mandatos verticales), los docentes se retraen. Se protegen a sí mismos. La creatividad se reduce. El agotamiento se acelera. Quienes sobreviven suelen ser los mejores en desempeñar su papel en la máquina, pero no los mejores educadores. En todo el mundo, ya vemos lo que es posible cuando la agencia expresada como "capital profesional" y la confianza se intersectan:

- **En Finlandia**, los docentes operan con alta autonomía y profundo respeto profesional.
- **En Ontario**, las redes de mejora escolar han demostrado cómo el profesionalismo colaborativo conduce a cambios pedagógicos a gran escala sin regímenes de cumplimiento.
- **En América Latina**, los laboratorios de diseño liderados por docentes (por ejemplo, Outliers School) han redefinido el currículo como una práctica viva, local e informada por los estudiantes.

Compare esto con sistemas donde la vigilancia sustituye al apoyo. Es decir, donde la calificación algorítmica reemplaza el juicio docente y donde "escalar" significa clonar, no cultivar. ¿El resultado? Profesionales desmoralizados, innovación performativa y aulas que se sienten más como centros de preparación para exámenes que como comunidades de aprendizaje. Debemos replantear la enseñanza no como implementación, sino como indagación. No como fidelidad a un plan, sino como capacidad de respuesta ante un mundo cambiante.

Este replanteamiento tiene tres implicaciones de política pública:

- **Desplazar la rendición de cuentas** de los resultados de pruebas hacia una práctica reflexiva e informada por la evidencia.
- **Incorporar la voz docente** en el desarrollo curricular, la investigación educativa y la gobernanza del sistema.
- **Repensar la formación docente** como la formación de capacidades intelectuales e imaginativas.

Y este replanteamiento también tiene urgencia global. Como destacan el Grupo de Trabajo de Docentes de la UNESCO (s.f.) y los indicadores de profesionalismo docente de la OCDE (OCDE, 2016), apoyar a los docentes como diseñadores y co-creadores es necesario para sistemas educativos resilientes y equitativos. La innovación no viene desde arriba. Surge desde la base, cuando los educadores tienen la autonomía, la comunidad y la confianza para liderar.

EL FUTURO NECESITA DOCENTES-CREADORES

No podemos construir sistemas educativos preparados para el futuro tratando a los docentes como engranajes en el diseño de otros. Si queremos aulas que cultiven la curiosidad, la adaptabilidad y la colaboración, entonces los educadores deben estar facultados para practicar esas mismas capacidades.

Esto implica ir más allá de reformas superficiales y repensar la profesión en su esencia. Los docentes no son meros facilitadores de contenidos. Son navegantes de la incertidumbre, guardianes del desarrollo humano, catalizadores de la imaginación cívica y diseñadores de nuevas posibilidades. Cuando reducimos su rol al cumplimiento, traicionamos la profesión y el futuro.

La educación es un sistema complejo moldeado por quienes la llevan a cabo día a día. Si queremos que ese sistema evolucione, debemos pasar de gestionar a los docentes a habilitarlos. Eso significa darles tiempo para pensar, espacio para crear, confianza para liderar y apoyo para crecer.

Empoderar a los educadores como creadores es una expresión de realismo en un mundo que exige ingenio, cuidado y valentía. Las innovaciones, reformas o herramientas de IA no pueden salvar la educación sin las personas que hacen que el aprendizaje sea real cada día. Si se espera que los docentes enseñen creatividad, pensamiento crítico y colaboración, primero deben tener la oportunidad de practicarlos.

10

No valoremos lo que medimos; midamos lo que valoramos

Los sistemas educativos convencionales están atrapados en una dañina obsesión por la medición. Peor aún, miden lo incorrecto. Las escuelas registran puntajes de exámenes, asistencia y tasas de graduación como si estos números definieran el aprendizaje. No es así. Las pruebas de alto impacto no mejoran la educación. La distorsionan. Los estudiantes aprenden a desempeñarse en lugar de comprender. Los docentes se apresuran a cubrir contenidos en vez de cultivar la curiosidad y la creatividad. Los responsables de políticas tratan los resultados de las pruebas como evidencia de progreso, mientras ignoran si los estudiantes pueden pensar críticamente, resolver problemas o aplicar conocimientos en contextos reales.

Este paradigma no es nuevo. Las pruebas estandarizadas evolucionaron a partir de los test de inteligencia y los modelos de eficiencia de la era industrial, ganando gran impulso con los movimientos de rendición de cuentas que Sahlberg (2015) denomina el Movimiento Global de Reforma Educativa (GERM). La idea era asegurar que los recursos públicos se usaran de manera eficiente, un objetivo aparentemente razonable. Sin embargo, estas políticas estrecharon inadvertidamente el currículo y magnificaron la importancia percibida de los resultados fácilmente cuantificables (Au, 2009; Ravitch, 2010).

De *Manifesto 25*:

No valoremos lo que medimos; midamos lo que valoramos.

Assessments should empower learners, not instill fear. The obsession Las evaluaciones deben empoderar a los aprendices, no infundir miedo. La obsesión por las evaluaciones con altas consecuencias fomenta la ansiedad y reduce la educación a una simple memorización, relegando el pensamiento crítico y la resolución de problemas. El culto a las pruebas de alto impacto se ha convertido en un criterio erróneo de éxito, propagando una cultura perjudicial de comparación y ansiedad por bajo rendimiento en todo el mundo. Esta fijación socava la innovación genuina, descartando ideas prometedoras por preocupaciones sobre cómo medirlas. Peor aún, las escuelas producen líderes incapaces de interpretar datos de manera crítica. Debemos eliminar las pruebas obligatorias de alto impacto y redirigir los recursos hacia iniciativas que promuevan el aprendizaje auténtico y el crecimiento significativo y multidimensional.

EL PERSISTENTE CULTO A LAS PRUEBAS DE ALTO IMPACTO

La evaluación debe apoyar el aprendizaje, no inducir miedo. En cambio, la obsesión con las pruebas de alto impacto fomenta la ansiedad y reduce la educación a la memorización mecánica, dejando de lado el pensamiento crítico y la resolución de problemas (Kohn, 2000). El "culto a las pruebas de alto impacto" se ha convertido en el equivocado árbitro del éxito, difundiendo una cultura dañina de comparación y ansiedad por bajo rendimiento en todo el mundo. Esta fijación socava la innovación genuina, descartando a menudo ideas prometedoras por preocupaciones de medición. Peor aún, las escuelas producen líderes poco preparados para interpretar datos de manera crítica, una habilidad crucial en un mundo complejo.

Las pruebas de alto impacto no empoderan a los aprendices; los condicionan. Premian la recuperación rápida de datos e información y penalizan el pensamiento profundo y las expresiones genuinas de conocimiento. Esto convierte el aprendizaje en una actuación, reemplazando la exploración y el crecimiento por ansiedad y miedo (Bransford, Brown, & Cocking, 2000). Las pruebas miden principalmente el cumplimiento más que la capacidad, alentando a los estudiantes a evitar desafíos por temor al fracaso. ¿El resultado? Graduados expertos en navegar exámenes estandarizados pero que tienen dificultades con problemas complejos y no estructurados que requieren creatividad y adaptabilidad.

Este sistema también profundiza la inequidad. Las pruebas de alto impacto suelen reflejar y perpetuar las desigualdades sociales existentes, afectando de manera desproporcionada a estudiantes marginados: aquellos de bajos ingresos, minorías raciales, aprendices de inglés y estudiantes con discapacidades. Factores como el sesgo en las pruebas, el acceso desigual a recursos y contenidos culturalmente sesgados hacen que estos exámenes a menudo midan el privilegio más que el potencial, exacerbando la estratificación social (Darling-Hammond, 2004; Valenzuela, 1999).

La industria de las pruebas perpetúa el mito de que el éxito puede ser cuantificado por un solo número. Esto tiene consecuencias profundas. Las ideas y habilidades que no pueden ser fácilmente medidas son descartadas o marginadas. La innovación se ve afectada porque no se ajusta a los indicadores establecidos. Las escuelas enfatizan las materias medibles a expensas del pensamiento crítico, la expresión creativa y la inteligencia emocional—cualidades esenciales para afrontar los desafíos futuros. El resultado es una fuerza laboral competente en seguir instrucciones, pero carente de la capacidad para interpretar datos de manera crítica, cuestionar supuestos o proponer soluciones innovadoras (véase especialmente Zhao, 2009).

Para los docentes, el impacto es igualmente grave. Las pruebas de alto impacto reducen el currículo, disminuyen la autonomía docente y alimentan el estrés y el agotamiento. Pueden desprofesionalizar a los educadores, reduciendo su complejo rol a la mera preparación para exámenes, desalentando la toma de riesgos pedagógicos y sofocando la innovación necesaria para adaptarse a las diversas necesidades estudiantiles. Mientras tanto, la propia industria de las pruebas es un negocio lucrativo, con importantes incentivos financieros y presión política que influyen en la política educativa, afianzando aún más estas prácticas problemáticas (Hursh, 2007).

Las pruebas de alto impacto son un intento bien intencionado pero equivocado de rendición de cuentas. Es comprensible que los gobiernos busquen indicadores claros de éxito al invertir recursos públicos en educación. Sin embargo, los puntajes de pruebas estandarizadas ofrecen solo la ilusión de claridad. Miden únicamente lo que es fácilmente cuantificable, no lo que es significativo o valioso. Irónicamente, las pruebas se han convertido en un negocio lucrativo de miles de millones de dólares financiado por y para los gobiernos.

La verdadera rendición de cuentas no debe centrarse solo en los números, sino en si los estudiantes desarrollan las habilidades y mentalidades necesarias para prosperar más allá de la escuela. Las políticas educativas deben evolucionar más allá de métricas simplistas hacia sistemas integrales que reconozcan y recompensen la complejidad del aprendizaje auténtico. Esto no significa abandonar la evaluación por completo; significa crear evaluaciones alineadas con el aprendizaje genuino. Las escuelas deben evaluar la capacidad de los estudiantes para analizar, sintetizar y aplicar el conocimiento.

CAMINOS HACIA LA EVALUACIÓN AUTÉNTICA

Los portafolios, recopilados a lo largo del tiempo, ilustran el crecimiento genuino al resaltar la comprensión y habilidades en evolución de los estudiantes. El portafolio de un estudiante puede incluir un proyecto de ciencias que demuestre el refinamiento gradual de una hipótesis mediante la experimentación y la retroalimentación. En escritura creativa, los borradores y revisiones documentan cómo los estudiantes desarrollan sus ideas y habilidades expresivas a lo largo del tiempo. De manera similar, los portafolios en materias como matemáticas o tecnología pueden mostrar proyectos en curso, incluyendo desafíos superados, errores cometidos y soluciones innovadoras generadas mediante la resolución iterativa de problemas. Estos ejemplos revelan capas más profundas de aprendizaje, creatividad e innovación, elementos del desarrollo del conocimiento personal que las pruebas tradicionales no pueden captar. La retroalimentación narrativa detallada de los docentes proporciona una orientación constructiva que los puntajes numéricos no pueden igualar.

Las evaluaciones efectivas deben apoyar el aprendizaje en lugar de simplemente clasificar y ordenar a los estudiantes. Las evaluaciones deben ayudar a los estudiantes a crecer, proporcionando información sobre sus fortalezas y áreas de mejora. Las revisiones entre pares, los proyectos colaborativos y las prácticas de autorreflexión fomentan el compromiso continuo con el contenido y el desarrollo constante. La educación debe ir más allá de los puntajes numéricos para promover experiencias de aprendizaje activas, reflexivas y significativas.

Lograr esta transformación requiere priorizar el desarrollo humano sobre el mero cumplimiento. Los gobiernos deben redefinir la rendición de cuentas para asegurar que las escuelas formen aprendices para toda la vida en lugar de imponer estándares rígidos. Los recursos actualmente dedicados a pruebas y cumplimiento deberían redirigirse al desarrollo de métodos de evaluación que capturen la complejidad y profundidad de la inteligencia humana (Linn, 2000; National Research Council, 1999).

Décadas de investigación y crítica han dejado claras estas conclusiones. Sin embargo, el sistema permanece en gran medida sin cambios. Las políticas cambian de nombre, pero la dependencia de métricas estandarizadas persiste. La literatura citada aquí sigue siendo relevante porque el problema sigue sin resolverse. La continuidad de este fracaso refleja una falta sostenida de voluntad para priorizar el aprendizaje auténtico sobre medidas defectuosas que son fáciles de administrar y defender.

La educación debe medir lo que realmente importa para prosperar en el mundo moderno: pensamiento crítico, habilidades colaborativas, creatividad y la capacidad de contribuir de manera significativa a la sociedad. Solo entonces la evaluación podrá empoderar a los estudiantes y reflejar el aprendizaje auténtico.

11

El mal uso de la tecnología es un síntoma, no el problema

Cuando la tecnología parece fracasar en la educación, somos rápidos en culpar a las herramientas: "La plataforma está obsoleta", "El software no funciona" o "Los estudiantes se distraen con sus dispositivos". Sin embargo, estos fracasos no son la causa raíz; son síntomas de una disfunción más profunda en la forma en que abordamos fundamentalmente el aprendizaje. Este es un problema antiguo que hemos comprendido durante mucho tiempo pero que hemos hecho poco por resolver, con sistemas educativos que se aferran obstinadamente a modelos obsoletos a pesar de décadas de evidencia y crítica crecientes.

De *Manifesto 25*:

> ***El mal uso de la tecnología es un síntoma, no el problema.*** *La tecnología no es una solución por sí sola, pero, cuando se utiliza de manera consciente, puede desbloquear nuevas formas de aprender y crear. Debemos ir más allá de las prácticas antiguas y aprovechar verdaderamente la tecnología como una herramienta de transformación, en lugar de obsesionarnos con las últimas innovaciones mientras descuidamos su potencial para generar cambios. Cambiar pizarras de tiza por pizarras digitales o libros por tablets mientras se mantienen los métodos de enseñanza tradicionales es como construir una planta nuclear para mover un*

carro tirado por caballos: ineficaz y un desperdicio. Sin embargo, nada ha cambiado; seguimos invirtiendo enormes recursos en estas herramientas y desaprovechamos las oportunidades para explotar su potencial para transformar lo que aprendemos y cómo lo hacemos. Al recrear prácticas del pasado con tecnologías, las escuelas se concentran más en gestionar hardware y software que en desarrollar las capacidades del mindware de los estudiantes y el uso intencional de estas herramientas.

Una analogía simple aclara este punto: un martillo, una forma básica de tecnología, puede usarse para construir o para demoler. Su impacto depende completamente de cómo se lo utilice. Este mismo principio debe aplicarse a la tecnología en la educación.

El problema central es estructural. La mayoría de los sistemas educativos todavía están diseñados para la eficiencia y el control, moldeados por prioridades de la era industrial que ya no corresponden a un mundo cambiante y lleno de incertidumbre. Predomina la transmisión de conocimientos. El éxito se mide por el cumplimiento, no por la comprensión, la creatividad o el juicio. Cuando las nuevas tecnologías ingresan a este entorno, son absorbidas por la lógica existente. Refuerzan el modelo antiguo en lugar de desafiarlo (Watters, 2021; Cuban, 2018).

Como resultado, las herramientas digitales se convierten en libros de texto glorificados. Los estudiantes consumen en lugar de crear. La inteligencia artificial se reduce a automatizar la calificación o el trabajo administrativo en vez de expandir la capacidad humana. Los sistemas de gestión del aprendizaje organizan la entrega de contenidos, pero rara vez apoyan una participación profunda o la construcción colaborativa de conocimiento. La tecnología no transforma el aprendizaje. Hace que las prácticas tradicionales sean más rápidas y escalables (Luckin, 2018). El resultado predecible es frustración, desinterés y resistencia. No porque las herramientas fallen, sino porque el sistema no puede usarlas bien.

Los docentes, también, a menudo quedan sin el apoyo, la formación o la autonomía necesarios para innovar realmente. Se les dice que integren la tecnología, pero rara vez se les da la libertad de repensar sus roles como facilitadores del aprendizaje en lugar de transmisores de contenidos. Mientras tanto, los estudiantes, incapaces de escapar de este mundo de cambio rápido y transformación radical, se ven limitados por estructuras que exigen absorción pasiva en vez de participación y creación activa de conocimiento (Ertmer & Ottenbreit-Leftwich, 2010; Tondeur *et al.*, 2012).

Por lo tanto, si la tecnología parece estar fracasando en la educación, la solución no es simplemente inyectar más herramientas en el marco existente. Es imperativo un rediseño profundo de la experiencia de aprendizaje desde sus cimientos. Esto requiere un cambio más allá de la noción arcaica de que la educación es solo transferencia de conocimientos. En cambio, exige un compromiso renovado con la creación de entornos donde los estudiantes aprendan a navegar la complejidad, resolver problemas novedosos y dar forma activa a su propio futuro. La tecnología, en este paradigma, debe amplificar inequívocamente el potencial humano, no reemplazarlo.

Esta transformación exige repensar la propia arquitectura del aprendizaje. Las escuelas e instituciones deben evolucionar de sistemas de control rígido a plataformas dinámicas para la exploración y la co-creación. Los aprendices deben tener una verdadera agencia sobre cómo, cuándo y dónde aprenden. Los docentes, a su vez, deben estar empoderados para actuar como diseñadores visionarios de experiencias de conocimiento, superando su rol tradicional de simples transmisores de contenido. En lugar de intentar automatizar la educación, deberíamos aprovechar la tecnología para apoyar trayectorias de aprendizaje más adaptativas, personalizadas y profundamente significativas.

En última instancia, el supuesto "mal uso de la tecnología" es solo un síntoma. El problema de fondo radica en nuestra persistente aplicación de herramientas del siglo XXI a un modelo educativo del siglo XIX. Hasta que no abordemos con valentía esta desconexión fundamental, ninguna cantidad de "nueva tecnología" solucionará lo que está roto; solo hará que un sistema obsoleto sea más eficiente en producir resultados obsoletos.

CAHIER DOS

Más allá de las medidas y los mitos

ENMARCANDO

La educación es más que la transmisión de conocimientos dentro de las aulas; es una práctica viva que surge cuando las personas aprenden unas con otras. Las escuelas que tratan a los estudiantes como receptores pasivos o a los docentes como simples ejecutores pierden esta verdad más profunda. El aprendizaje prospera cuando todos (niños, compañeros, padres, mayores, educadores) comparten conocimientos y perspectivas en un intercambio recíproco. Cuando se disuelven las barreras de edad, las escuelas se convierten en ecosistemas de sabiduría intergeneracional, curiosidad y creatividad.

Estos ecosistemas se extienden más allá de las paredes de cualquier institución individual. El aprendizaje no comienza ni termina con las campanas escolares. Fluye a través de hogares, comunidades, lugares de trabajo y redes, obteniendo fortaleza de la diversidad de contextos. En tales entornos, los aprendices practican la adaptabilidad y la autoconfianza, moviéndose con facilidad entre los roles de estudiante, mentor y co-creador. Liberada de cajas y horarios rígidos, la educación se convierte menos en un asunto de control y más en el cultivo de la curiosidad, la resiliencia y la capacidad de navegar la complejidad.

En el centro de este cambio se encuentra la fusión de la agencia y la autoeficacia. La agencia otorga a los estudiantes la libertad de trazar sus propios caminos. La autoeficacia les da la confianza de que pueden tener éxito. Juntas, permiten que la educación cumpla su propósito: empoderar a las personas para vivir con significado, impacto y visión. Las escuelas que priorizan ambas crean condiciones donde los estudiantes no solo están preparados para el futuro, sino que son capaces de crearlo.

Los educadores se encuentran en el centro de esta transformación. No son piezas de una máquina, sino creadores, colaboradores e innovadores. Reducirlos a simples transmisores de métodos obsoletos empobrece tanto a los aprendices como al futuro. Cuando se les confía como profesionales y se les dota de recursos, los educadores se convierten en co-diseñadores de entornos de aprendizaje donde la autonomía, la creatividad y la adaptabilidad prosperan.

Sin embargo, si la evaluación permanece atrapada en la lógica de las pruebas de alto impacto, nada de esto será posible. Los sistemas actuales recompensan la memorización mecánica y la ansiedad, mientras dejan de lado la resolución de problemas, la curiosidad y la innovación. La cultura de la evaluación distorsiona las prioridades, produciendo egresados mal preparados para las exigencias de un mundo complejo. Para reinventar la educación, debemos medir lo que valoramos (por ejemplo, el crecimiento auténtico, el aprendizaje multidimensional y la capacidad de pensar críticamente) en lugar de valorar solo aquello que es más fácil de medir.

La tecnología, en última instancia, es un reflejo de estas elecciones. Si se utiliza de manera inadecuada, reproduce prácticas antiguas bajo la ilusión de la modernización, desperdiciando recursos y oportunidades. Si se utiliza correctamente, amplía las posibilidades de colaboración, creación y aprendizaje profundo. El desafío no es la herramienta en sí, sino si nos atrevemos a transformar la manera en que aprendemos y enseñamos con ella. El peligro está en tratar la tecnología como un atajo; la oportunidad reside en desarrollar la mentalidad y las prácticas intencionadas que permiten que se vuelva verdaderamente transformadora.

En conjunto, estos compromisos nos instan a reimaginar la educación como un ecosistema dinámico: intergeneracional, centrado en el aprendiz, con educadores empoderados, orientado por valores y con un propósito tecnológico. Cualquier cosa menor nos deja atrapados en la inercia del pasado.

PREGUNTAS PARA LA REFLEXIÓN

1. **¿Ecosistema o silo?** Identifica una rutina que limite el aprendizaje a horarios rígidos. Rediseñala para integrar el aprendizaje en otros contextos (hogar, trabajo, comunidad, redes).
2. **Aprendizaje más allá de los muros**. ¿Qué formas de aprendizaje en tu vida ocurren fuera de las escuelas, títulos o certificaciones? ¿Cómo revelan esas experiencias los límites de la educación institucional?
3. **Agencia + autoeficacia**. Piensa en un momento en que te sentiste libre para tomar decisiones y confiado en que podías tener éxito. ¿Qué condiciones hicieron eso posible y qué se necesitaría para reproducirlas a gran escala?
4. **Educadores como innovadores.** ¿Qué tendría que cambiar mañana para que los educadores en tu contexto sean tratados como creadores de confianza, no como simples implementadores? ¿Quién se resiste a ese cambio y por qué?
5. **La trampa de la evaluación.** ¿Qué se está midiendo actualmente en tu escuela o sistema que socava activamente el aprendizaje auténtico? ¿Qué medirías en su lugar y cómo cambiaría el comportamiento?
6. 6. **El espejo de la tecnología.** ¿Dónde ves que la tecnología se utiliza para replicar prácticas obsoletas? ¿Cómo podría convertirse en cambio en una herramienta para la colaboración, la creación o la imaginación?

Intenta esto

Saca una hoja de papel o utiliza las páginas de notas que siguen. Haz una lista de dos columnas. En la primera, nombra tres cosas que aprendiste en el último año que ninguna prueba o métrica podría captar. En la segunda, imagina formas en que una institución podría valorar esas formas de aprendizaje sin reducirlas nuevamente a calificaciones o puntuaciones.

Notes

Notes

Notes

Notes

INTERMEZZO
1

ACT
BUILD A POSI TIVE RE BELLION
ACT
BUILD A POSI TIVE RE BELLION
BUILD A POSI TIVE RE BELLION
ACT
BUILD A POSI TIVE RE BELLION
ACT
BUILD A POSI TIVE RE BELLION
ACT
BUILD A POSI TIVE RE BELLION
BUILD A POSI TIVE RE BELLION
ACT

INTERMEZZO

'LOS NIÑOS TAMBIÉN SON PERSONAS'

...¿VERDAD?

Algunas verdades son tan simples que olvidamos lo exigentes que son. En el contexto de este libro, volvemos a una de ellas: *los niños también son personas*. Estas cuatro palabras ordinarias son difíciles de rechazar y, sin embargo, incomodan la práctica cotidiana. Pocos las negarían en principio. Sin embargo, muchos las contradicen en la práctica. Las aulas, los patios de recreo, los hogares y las políticas a menudo tratan a los niños como proyectos que deben ser gestionados en lugar de personas a quienes conocer.

Manifesto 25 expone el principio sin adornos. Todo estudiante es un ser humano con igual dignidad, seguridad y autodeterminación. Los estudiantes deben tener opciones reales sobre su aprendizaje y sus comunidades, limitadas únicamente por los derechos iguales de los demás. Para quienes han crecido en entornos democráticos, esto parece obvio. Para muchos, el descubrimiento llega más tarde, y llega como una sorpresa.

El 6 de agosto de 2025, un focus group de YOUDEX (un proyecto Erasmus+ orientado a promover y explorar la participación juvenil en la democracia en Europa mediante narrativas digitales y espacios digitales creativos y seguros) se reunió en Bélgica para debatir el manifiesto. La agenda incluía temas y principios, pero la conversación pronto se orientó hacia la experiencia.

"Ahora me parece sentido común", dijo una participante, "pero esa no es la realidad. En nuestra sociedad, los niños no son tratados como iguales. Nuestras opiniones son ignoradas. Los adultos asumen que saben más". Su certeza se quebró cuando vio que se usaba el castigo corporal delante de ella. "No tratarían así a otro adulto. ¿Entonces por qué a un niño? No tenía sentido".

Otros describieron heridas menores que dejaron marcas más duraderas. Una persona recordó que tenía cinco o seis años cuando un adulto le habló como si fuera incapaz de entender. Ella entendía perfectamente. Sin embargo, la herida vino del tono, no de las palabras. "Incluso ahora", dijo, "cuando escucho a personas hablarle así a los más jóvenes, me pregunto por qué. Entenderían si simplemente les hablaras normalmente". No hubo gritos, ni disciplina, solo desdén. Sin embargo, el recuerdo permaneció.

Al otro lado de la sala, el patrón se repetía. Los adultos pretendían guiar las experiencias, pero terminaban reduciéndolas a pequeñas lecciones. Las reglas destinadas a proteger se convertían en herramientas de control. Lo que parecía orden desde arriba se sentía como borrado desde abajo. Las historias diferían en los detalles y compartían una lección común: cuando los niños no son tratados como personas, el aprendizaje se reduce a actuaciones de obediencia.

MÁS ALLÁ DEL ESTUDIANTE

El respeto no puede detenerse en los estudiantes. Una escuela que afirma honrar la dignidad del aprendiz mientras trata a los docentes como piezas intercambiables se vacía desde dentro. Una profesora de Taiwán había pasado dos años en una escuela democrática. Al año siguiente, planeaba trasladarse a una escuela pública "para ver el ambiente de cuán sola estaré". Lo dijo con ligereza, pero no de manera casual.

"Si un estudiante tiene valores o necesidades diferentes, el docente enfrenta obstáculos", explicó. "Piensas: '¿Cómo me verán mis colegas si les doy más espacio?' En muchas escuelas, ya hay tantas cosas decididas. A veces, si dices algo diferente, tal vez el estudiante pierda la esperanza de crear otra forma de avanzar". Incluso en escuelas abiertas, señaló, la exclusión puede tomar formas sutiles. Un niño que tiene dificultades para comunicarse de las maneras esperadas puede ser etiquetado como tímido, perezoso o poco colaborador. "Quieren unirse a la comunidad", dijo, "pero aún no tienen la capacidad o la confianza. Y no hay suficientes docentes para acompañarlos". Su punto era directo. Los estudiantes no pueden florecer en libertad cuando los docentes están limitados. La agencia docente es la base sobre la que se sostiene la agencia estudiantil.

CONFIANZA SOBRE EL MIEDO

Si el respeto es el principio, la confianza es la práctica. Y la confianza no prospera en el clima de miedo que impregna gran parte de la educación convencional. Estos son el miedo al fracaso, el miedo a la desobediencia, el miedo a cualquier cosa que no pueda medirse en una prueba.

Un participante describió un lugar que operaba en una frecuencia completamente diferente: un campamento de verano en Bélgica con solo una regla: respetar a los demás y los materiales. "Cada semana vienen 120 niños; diferentes cada vez. Pueden hacer lo que quieran. No hay muro, nadie los detiene si quieren irse. Pero nadie se va. Nunca ha habido acosadores. Si das una regla, es como un botón. La gente quiere presionarlo. Pero si das conciencia en su lugar... no lo presionan". No era anarquía. Era el tipo de libertad que tiene su propia gravedad, un entendimiento compartido de que el espacio existe porque todos eligen hacerlo funcionar.

EL LARGO TRABAJO POR DELANTE

Reconocer y asumir que "los niños también son personas" es una disciplina diaria y sostenida. Se manifiesta en la forma en que un docente se detiene a escuchar, en la confianza que se otorga a un estudiante para tomar sus propias decisiones, en la disposición a cambiar de rumbo cuando el actual deja de servir. Exige mantener siempre abierta la posibilidad de que la forma en que hacemos las cosas hoy no es la forma en que debemos hacerlas mañana.

También es un recordatorio de que la cultura de una escuela es un solo ecosistema. El respeto por los estudiantes, el respeto por los miembros del personal, la confianza entre todos no sobrevive de manera aislada. Si uno falla, los demás lo seguirán. La promesa es simple. La práctica es cualquier cosa menos eso. Sin embargo, en cada historia compartida (por ejemplo, el recuerdo del tono de un docente, el impacto de un castigo, el valor de dar espacio, el éxito no celebrado de un campamento sin reglas) surge la misma verdad: cuando actuamos como si los niños también fueran personas, ellos responden como iguales. Y ahí es donde comienza el futuro.

Escanea este código QR para ver un mapa de conocimiento de la conversión.

12

El aprendizaje invisible es un proceso orgánico: Respirar, echar raíces y convertirse en uno mismo

La mayor parte del aprendizaje ocurre fuera del marco escolar. Se manifiesta en actos ordinarios: un niño probando cómo se sostienen los bloques, un adolescente ajustando el código de un juego hasta que funciona, un jubilado intercambiando palabras con un vecino para compartir una historia. Nada de esto requiere un plan de clase. Nada de esto necesita una calificación. Los sistemas formales rara vez ven estos momentos, pero forman el núcleo de cómo las personas crecen. Los seres humanos aprenden a lo largo de toda la vida, lo reconozcan o no las instituciones.

Considera esta viñeta: En la escuela, Aarya parece callada, a veces distraída. Tiene dificultades con los ejercicios de ortografía y a menudo le dicen que debe concentrarse más. Lo que sus docentes no ven es lo que ocurre después de la escuela, cuando Aarya pasa horas dibujando animales de documentales de naturaleza e inventando historias alrededor de ellos. Experimenta con diferentes estilos de dibujo, investiga hábitats de animales en línea y mantiene un cuaderno gastado lleno de ideas para mundos imaginarios. Si su escuela registrara la exploración creativa que domina cada noche, Aarya alcanzaría, en pocos días, la mitad de los resultados del mapa curricular de este año.

Al hacer esto, desarrolla raíces de comprensión (observación, pensamiento narrativo, atención al detalle y un sentido intuitivo de ecosistemas y relaciones) alimentadas no por tareas, sino por la inmersión y la autodirección. Todo esto sin currículo, tareas ni calificaciones. Nada de esto aparece en su expediente escolar. Pero es aprendizaje real: autodirigido, profundamente formativo y sostenido por la pasión por la actividad.

Cuando un sistema no logra ver el aprendizaje más allá de definiciones estrechas, pierde más que un dato. Pierde imaginación, capacidad y conexión. Tratar el aprendizaje como algo que se debe gestionar en lugar de algo en lo que se debe confiar disminuye su poder. En la prisa por controlar el crecimiento, despojamos al aprendizaje de su autenticidad. La verdadera educación confía en el aprendizaje como un proceso orgánico, que surge de manera natural, echa raíces profundas y evoluciona con el tiempo, en lugar de forzarlo a hacerse visible.

De *Manifesto 25*:

> ***El aprendizaje ocurre, le prestemos atención, o no.*** *La mayor parte del aprendizaje es "invisible": sucede fuera de la instrucción formal a través de experiencias informales y fortuitas. Surge de la curiosidad, la experimentación y vivencias no planificadas, más parecido a respirar que a un esfuerzo deliberado. En lugar de forzar que el aprendizaje invisible se haga visible, deberíamos enfocarnos en crear entornos que confíen en su flujo orgánico y lo nutran. Esto implica fomentar lugares de trabajo, escuelas y comunidades que valoren la exploración, ofrezcan oportunidades para buscar conocimiento y respeten que no todo aprendizaje necesita ser medido o reportado. Al permitir que el aprendizaje permanezca invisible, preservamos su autenticidad y permitimos que las personas crezcan de formas significativas para ellas. La confianza, no la vigilancia, es el verdadero motor de la innovación y el crecimiento.*

El aprendizaje seguirá ocurriendo con o sin nuestro permiso; la pregunta es si nuestros sistemas lo amplifican o lo sofocan.

El *aprendizaje invisible* se refiere a esta adquisición continua y a menudo no medida de conocimiento que ocurre a través de la curiosidad, la improvisación y la experiencia vivida. Surge no de lecciones formales, sino de la exploración, las conversaciones, los desafíos y los momentos de descubrimiento inesperado. Es dinámico y real, incluso si no deja un registro ordenado. Reconocer el aprendizaje invisible transforma nuestra comprensión del crecimiento: no solo como una lista de logros, sino como un viaje de por vida y en evolución. Como Cristóbal Cobo y yo describimos en *Aprendizaje Invisible* (Cobo & Moravec, 2011), este fenómeno es "un continuo de aprendizaje que se extiende más allá de la educación formal e intencional". Incluye los descubrimientos no planificados hechos al explorar un nuevo pasatiempo, el pensamiento crítico desarrollado a través de debates informales con amigos y las habilidades de resolución de problemas perfeccionadas en la vida cotidiana. El aprendizaje invisible es esencial porque refleja cómo los seres humanos realmente viven y crecen: a través de interacciones dinámicas y ricas en contexto, no en lecciones aisladas.

El psicólogo Peter Gray (2013) ha demostrado que el juego libre es uno de los impulsores más poderosos del aprendizaje invisible. En el juego no estructurado y autodirigido, los niños practican la negociación durante juegos imaginarios, inventan nuevas reglas y sistemas, asumen riesgos creativos, resuelven conflictos y experimentan con la física al construir fuertes o circuitos de obstáculos. Nada de esto se enseña formalmente, sin embargo, sienta las bases para la resolución de problemas, la colaboración, la creatividad y la resiliencia emocional. El juego es la forma en que los jóvenes ensayan naturalmente las habilidades complejas necesarias para la adultez. Sin embargo, como este crecimiento es rizomático, extendiéndose bajo la superficie sin resultados predecibles, los sistemas formales a menudo lo suprimen o ignoran. Al limitar el juego libre, no estamos creando más aprendizaje; estamos eliminando algunas de las experiencias de aprendizaje más ricas y vitales que las personas pueden tener.

El valor del aprendizaje invisible no termina en la infancia. Como argumentan Thomas y Brown (2011), en culturas de aprendizaje prósperas, el juego, la experimentación y la exploración impulsada por pares se convierten en los principales motores del crecimiento, mucho más impactantes que la instrucción rígida y prescriptiva. A lo largo de la vida, las personas aprenden a través de la experimentación, la exploración, la conversación y la colaboración espontánea. Ya sea un músico aficionado que domina nuevas técnicas en sesiones de improvisación, o un jubilado que aprende nuevos idiomas explorando el mundo, el aprendizaje prospera cuando los entornos apoyan la curiosidad sin vigilancia excesiva ni resultados rígidos. Reconocer el papel del aprendizaje invisible en todas las etapas de la vida desafía las suposiciones tradicionales sobre dónde ocurre el aprendizaje, quién lo controla y cómo debe valorarse.

Si tratamos el aprendizaje como un proceso que se debe gestionar, lo disminuimos. Si lo tratamos como respirar (vital, natural, siempre presente), comenzamos a diseñar escuelas, lugares de trabajo y comunidades que permiten a las personas crecer de maneras auténticas y significativas para ellas. *La confianza,* no el control, es el catalizador operativo para la innovación y el crecimiento.

Cuando reconocemos que las formas más ricas de aprendizaje suelen surgir de manera orgánica, no por la fuerza o la vigilancia, se vuelve claro que nuestro papel no es controlar el aprendizaje, sino crear entornos donde pueda desarrollarse libremente.

LOS PELIGROS DE FORZAR EL APRENDIZAJE A HACERSE VISIBLE

La educación convencional depende en gran medida de evaluaciones estandarizadas, indicadores clave de desempeño y listas de verificación para "probar" que ha ocurrido aprendizaje o crecimiento. Como señalé en el Capítulo 10, no todo lo que importa se puede medir; y no todo lo que se mide importa. Cuando la curiosidad es forzada a convertirse en resultados, cuando la exploración se restringe al desempeño y cuando la reflexión se reduce a una hoja de ejercicios, se pierde algo esencial. El aprendizaje se convierte en una actuación, no en un viaje. La vigilancia solo sofoca la innovación.

Este enfoque de vigilancia también erosiona la confianza. Los aprendices interiorizan que su curiosidad siempre debe ser productiva, que su creatividad siempre debe generar un resultado reconocible. A largo plazo, esto limita la innovación genuina. Las personas aprenden a actuar para la evaluación en lugar de buscar significado, y el aprendizaje pasa de ser un viaje personal a una serie de validaciones externas.

Knowmad Society (Moravec, 2013) advierte, cuando los sistemas educativos no reconocen el aprendizaje informal y autodirigido, no preparan a las personas para los futuros que realmente habitarán, donde el valor se crea cada vez más a través de la flexibilidad, la invención y la capacidad de encontrar significado en distintos contextos. En un mundo de cambios rápidos e impredecibles, no podemos permitirnos confundir visibilidad con valor.

El crecimiento auténtico a menudo ocurre de maneras que no podemos ver de inmediato: una vacilación que se convierte en reflexión, un proyecto fallido jque da origen a una nueva idea, una tarde de curiosidad sin rumbo que enciende una futura vocación. Estos momentos son el latido del aprendizaje.

CONSTRUIR ENTORNOS QUE ABRACEN EL APRENDIZAJE INVISIBLE

El aprendizaje es así más parecido a respirar que a un esfuerzo laborioso. Nuestra responsabilidad no es controlar cada respiración, sino asegurar que el aire sea lo suficientemente rico como para inspirar. Para reconocer y fomentar el aprendizaje invisible, debemos diseñar activamente entornos que apoyen su desarrollo orgánico.

En entornos que confían en el aprendizaje invisible:

1. El tiempo no estructurado se protege en lugar de llenarse rígidamente.
2. El aprendizaje entre pares ocurre de manera informal y se trata con respeto, no con sospecha.
3. El fracaso se ve como exploración, no como un defecto o algo que deba ser castigado.
4. Las personas que aprenden tienen espacio para seguir preguntas emergentes sin presión por resultados inmediatos y medibles.
5. La curiosidad se valora en sus propios términos, como un fin en sí mismo.
6. La reflexión toma forma a través de conversaciones, narrativas y proyectos iterativos, no mediante plantillas rígidas.

En entornos que confían en el aprendizaje invisible, el tiempo no estructurado se protege en lugar de llenarse. El aprendizaje entre pares ocurre de manera informal y se trata con respeto, no con sospecha. El fracaso se ve como exploración, no como un defecto. Las personas que aprenden tienen espacio para seguir preguntas emergentes sin presión por resultados inmediatos. La curiosidad se valora en sus propios términos. La reflexión toma forma a través de conversaciones, narrativas y proyectos iterativos, no mediante plantillas rígidas.

Si aceptamos que gran parte del aprendizaje es invisible, la tarea no es capturarlo o controlarlo, sino diseñar condiciones donde pueda prosperar. La confianza, no la vigilancia, se convierte en la base. Como enfatiza la OCDE (2020), los sistemas educativos preparados para el futuro deben crear condiciones que fomenten la curiosidad, la adaptabilidad a lo largo de la vida y oportunidades de aprendizaje informal en contextos diversos.

En *Aprendizaje Invisible*, (Cobo & Moravec, 2011) sostenemos que el aprendizaje se expande cuando los entornos son ricos en recursos, relaciones y autonomía. Las personas aprenden cuando tienen la libertad de hacer preguntas, explorar nuevas herramientas y conectarse con otros a través de espacios formales e informales. Se trata menos de la instrucción directa y más de curar ecosistemas donde la serendipia pueda surgir.

En la práctica, esto significa:

- **En las escuelas**, rediseñar los espacios para fomentar el tiempo no estructurado: espacios maker, áreas comunes flexibles, aulas al aire libre y entornos tipo estudio donde quienes aprenden puedan seguir las preguntas donde sea que las lleven. Significa valorar la indagación sobre el cumplimiento, el diálogo sobre la recitación y los portafolios de trabajo personal sobre las pruebas estandarizadas.
- **En los lugares de trabajo**, fomentar la experimentación, permitir el "fracaso inteligente" sin castigo y crear espacios informales (por ejemplo, salas de descanso, talleres y foros virtuales) donde el conocimiento pueda circular orgánicamente entre roles y disciplinas.
- **En las comunidades**, diseñar espacios cívicos que inviten a personas de diferentes edades y orígenes a colaborar, compartir y experimentar. Las bibliotecas públicas, espacios hacker y huertos urbanos son laboratorios naturales de aprendizaje invisible, donde el descubrimiento ocurre sin un programa de estudios. La UNESCO (2021) también llama a un nuevo contrato social para la educación, uno que vaya más allá de las escuelas como espacios aislados y reconozca el aprendizaje como un proceso de por vida, interconectado y orientado a la comunidad.

Construir para el aprendizaje invisible implica cambiar el rol del educador, gestor o líder de controlador a cultivador. Requiere creer que las personas, cuando se les confía, crecerán. No siempre de manera predecible. No siempre de inmediato. Pero de forma auténtica, y de maneras que finalmente nutren individuos más resilientes, inventivos y realizados.

El aprendizaje nunca estuvo destinado a ocurrir en jaulas. Respira en las conversaciones, echa raíces en momentos de curiosidad y crece a través del suelo y el variado paisaje de la experiencia vivida. Cuando dejamos de perseguir ideas antiguas y comenzamos a cultivar posibilidades, el aprendizaje vuelve a ser lo que siempre ha sido: un acto de devenir. La tarea por delante es crear lugares lo suficientemente ricos, salvajes y humanos para que pueda respirar.

13
No podemos gestionar el conocimiento

La educación a menudo confunde el *conocimiento* con la *información*, reduciendo el aprendizaje al almacenamiento y recuperación de hechos. Se evalúa a los estudiantes por su capacidad de recordar información, no por su profundidad de comprensión. Sin embargo, memorizar no es lo mismo que conocer. Aprender es un proceso de transformación, no solo de acumulación. Para comprender el mundo, los estudiantes deben ir más allá de recolectar datos e información para construir conocimiento. La verdadera innovación ocurre solo cuando toman lo que saben y lo utilizan para crear nuevo significado y valor. Comprender estas distinciones revela una falla central en la educación. Las escuelas son expertas en gestionar información, pero no pueden gestionar el conocimiento sin reducirlo nuevamente a información.

De *Manifesto 25*:

> ***El conocimiento se construye a partir del significado, no de la gestión.*** *Cuando hablamos de conocimiento e innovación, con frecuencia confundimos o mezclamos estos conceptos con datos e información. Demasiadas veces nos engañamos pensando que brindamos "conocimiento" a los aprendices cuando en realidad solo evaluamos su capacidad de recordar información de manera mecánica. Para ser claros: los* ***datos*** *son fragmentos dispersos que combinamos para formar* ***información****. El* ***conocimiento*** *consiste en tomar esa información y darle un significado a nivel personal.* ***Innovamos*** *cuando actuamos sobre lo que sabemos para crear un nuevo valor. Comprender esta diferencia revela uno de los mayores problemas en la gestión escolar y la enseñanza: aunque somos buenos gestionando información, simplemente no podemos gestionar el conocimiento en las mentes de los estudiantes sin degradarlo nuevamente a información.*

Desglosando esto aún más:

- **Datos** consiste en hechos, números y detalles en bruto que, por sí solos, carecen de significado. Un estudiante puede ver fechas históricas, mediciones científicas o cifras matemáticas, pero sin contexto, estos elementos permanecen desconectados. Las escuelas a menudo bombardean a los estudiantes con datos, suponiendo que la mera exposición conduce a la comprensión. Pero los datos son solo un punto de partida. Sin un marco de interpretación, son solo ruido. Memorizar estadísticas sobre el cambio climático no significa comprender sus causas o consecuencias.
- **Información** se crea cuando los datos se estructuran y organizan. Proporciona contexto y patrones, ayudando a quienes aprenden a conectar hechos. Una línea de tiempo de eventos históricos o un gráfico que muestra tendencias de temperatura convierte datos dispersos en algo comprensible. Las escuelas operan principalmente en este nivel, entregando contenido estructurado a través de libros de texto, clases y evaluaciones. Pero la información permanece estática hasta que se trabaja con ella de manera personal. La comprensión no proviene de recibir información, sino de trabajar activamente con ella: cuestionando, aplicando y reformulando la información para darle sentido.

- **Conocimiento** surge cuando las personas internalizan la información y le otorgan significado. A diferencia de los datos o la información, no puede recibirse pasivamente; debe ser construido activamente. Un estudiante puede memorizar la formula de la aceleración, pero hasta que la aplique para resolver un problema real, no ha adquirido conocimiento. Lo mismo ocurre en historia, literatura y cualquier otra materia. Los hechos por sí solos no generan comprensión. El conocimiento requiere compromiso, interpretación personal y la capacidad de aplicar ideas en diferentes contextos. Aquí es donde la educación suele fallar. Las escuelas pueden gestionar información mediante lecciones y exámenes, pero no pueden controlar cómo o si los estudiantes transforman la información en conocimiento.
- **Innovación** surge cuando el conocimiento se aplica para generar nuevas ideas, resolver problemas y crear valor. Es la aplicación de la comprensión de formas nuevas. No puede ser estandarizada, guionizada ni producida en masa. La innovación es impredecible, surge de la curiosidad, la experimentación y la síntesis. Un estudiante que comprende profundamente un concepto no se limita a repetirlo. Puede adaptarlo, cuestionarlo y utilizarlo para impulsar nuevos descubrimientos. Las escuelas suelen afirmar que promueven la innovación, pero las estructuras rígidas que priorizan el cumplimiento y la repetición sobre la creatividad sofocan este potencial. La verdadera innovación requiere un entorno donde quienes aprenden sean libres de explorar, asumir riesgos e ir más allá del conocimiento existente.

Las escuelas organizan y transmiten la información de manera eficiente, pero no pueden controlar cómo los estudiantes la internalizan. El conocimiento es personal y se desarrolla a través de la experiencia, la reflexión y la participación. Cuando la educación intenta estandarizar el conocimiento, le quita significado y reduce el aprendizaje a la simple memorización de información. Las pruebas pueden medir lo que los estudiantes recuerdan, pero no pueden captar qué tan bien comprenden, aplican o crean nuevas ideas.

Cuanto más intentan las escuelas encajar el conocimiento en estructuras predefinidas, más lo convierten en información que puede ser categorizada, evaluada y gestionada. Las evaluaciones estandarizadas priorizan la memorización y la obediencia por encima de la curiosidad, la creatividad y el pensamiento crítico. Miden la eficiencia institucional, no la comprensión genuina (Shepard, 2000; Koretz, 2017).

ESTO BENEFICIA A LA ESCUELA,
PERO NO DICE NADA SOBRE LO QUE LOS ESTUDIANTES REALMENTE SABEN.

HACIA LA CREACIÓN DE CONOCIMIENTO: UN ENFOQUE ORIENTADO AL PROCESO

Para fomentar la creación de conocimiento y la innovación, las escuelas deben repensar cómo ocurre el aprendizaje. En lugar de tratar a los estudiantes como receptores pasivos de contenidos, la educación debe incentivar la exploración, la resolución de problemas y el pensamiento interdisciplinario. Esto requiere pasar de una instrucción rígida a entornos de aprendizaje dinámicos donde los estudiantes construyan activamente el significado.

Las escuelas deben priorizar el aprendizaje basado en la indagación, que valora tanto las preguntas como las respuestas. Cuando los estudiantes resuelven problemas reales en lugar de memorizar datos, se relacionan con el conocimiento de manera más significativa (Hmelo-Silver, 2004). La exploración abierta, la discusión y el aprendizaje a través de los errores les ayudan a perfeccionar su comprensión en lugar de absorber conclusiones fijas.

La evaluación debe ir más allá de las pruebas estandarizadas y centrarse en cómo los estudiantes aplican su conocimiento. Las evaluaciones basadas en proyectos, los portafolios y las presentaciones permiten a los estudiantes utilizar la información de formas novedosas y demostrar una comprensión más profunda (Schute & Becker, 2010). Como se señala en el capítulo 10, aprender no consiste en acumular datos, sino en establecer conexiones y generar ideas.

La colaboración debe prevalecer sobre la competencia. El conocimiento crece a través del diálogo, la iteración y el intercambio de perspectivas. Las escuelas deben fomentar entornos de aprendizaje colaborativo donde los estudiantes cuestionen ideas, perfeccionen su pensamiento y desarrollen soluciones en conjunto. Los proyectos interdisciplinarios, la retroalimentación entre pares y las alianzas con universidades e industria amplían el aprendizaje más allá de la simple absorción hacia la creación activa de conocimiento.

La educación es un proceso, no un producto. Un producto está diseñado para la consistencia, el control de calidad y la uniformidad en su forma final. Sigue un modelo con especificaciones predefinidas, asegurando que cada iteración se asemeje mucho a la anterior. Pero el aprendizaje no funciona así. El conocimiento no puede producirse en masa, y la comprensión no puede estandarizarse sin perder su profundidad y significado. Cada estudiante interactúa con la información de manera única, aportando sus propias experiencias, interpretaciones y preguntas al proceso. Cuando la educación se trata como un producto fijo, se espera que los estudiantes lleguen a las mismas conclusiones de la misma manera, dejando poco espacio para la creatividad, el descubrimiento o el pensamiento independiente.

Un proceso, en cambio, abraza la imprevisibilidad y la transformación. Valora la exploración, permitiendo resultados que no siempre pueden anticiparse o medirse. El aprendizaje auténtico no sigue un camino lineal de la instrucción al dominio. Se configura a través de la experimentación, la curiosidad y las conexiones que los estudiantes establecen en el camino. Esta apertura a lo desconocido es lo que permite la aparición de nuevo conocimiento e innovación. Si la educación quiere ir más allá de la instrucción mecánica, debe cultivar entornos donde los estudiantes no sean solo consumidores de información, sino participantes activos en la construcción de significado. Cuando el aprendizaje se concibe como un proceso dinámico y en evolución, los estudiantes pueden interactuar con las ideas de formas que conducen a descubrimientos, nuevas perspectivas y soluciones creativas que ningún currículo podría haber previsto.

La construcción del conocimiento es un proceso que se atiende, no se gestiona. La innovación prospera cuando los estudiantes tienen la libertad de perseguir sus intereses y explorar ideas sin restricciones rígidas. Permitirles diseñar sus propios proyectos, realizar investigaciones autodirigidas e integrar múltiples disciplinas en su aprendizaje les ayuda a desarrollar conocimiento en lugar de limitarse a recibir información.

Lograr esta profunda transformación de la gestión de la información a la creación de conocimiento depende de cambios deliberados en la infraestructura educativa. Esto incluye invertir en el desarrollo profesional docente que priorice la facilitación, el acompañamiento y el diseño de experiencias basadas en la indagación, en lugar del dominio de contenidos. También requiere la adopción de marcos curriculares flexibles y modelos de evaluación que fomenten la exploración y la aplicación por encima de la memorización mecánica, apoyados por políticas administrativas que impulsen la innovación en todos los niveles.

Pasar de la gestión de la información a la creación de conocimiento requiere un cambio fundamental en la educación. Las escuelas deben priorizar el pensamiento sobre la evaluación, la indagación sobre la instrucción y la creatividad sobre la obediencia. Deben redefinir el éxito, no por cuánto puede recordar un estudiante, sino por lo que puede hacer con lo que sabe. Los educadores deben fomentar entornos donde el conocimiento pueda crecer, no controlarlo. Solo así las escuelas podrán ir más allá de la gestión de la información y cumplir el verdadero propósito del aprendizaje: crear conocimiento e impulsar la innovación.

14

Hacia futuros creativos, más allá de los estándares

La estandarización prioriza la previsibilidad sobre la posibilidad, la obediencia sobre la creatividad y la repetición sobre la toma de riesgos. Cuando la educación reduce a los estudiantes a productos manufacturados, ignora su potencial único para buscar sus propias pasiones y resolver problemas de manera creativa. Los currículos rígidos miden el éxito a través de pruebas limitadas y resultados predeterminados, asfixiando la curiosidad y limitando la capacidad de los estudiantes para enfrentar las complejidades del mundo real.

El mundo ya no recompensa la uniformidad. El pensamiento crítico y la creatividad son fundamentales. Las máquinas pueden encargarse del trabajo rutinario. La educación no debería producir uniformidad repetitiva; debería cultivar la posibilidad. Las organizaciones de aprendizaje deben sustituir la conformidad por flexibilidad y diseñar entornos que inviten a la exploración, la experimentación y el pensamiento original. La creatividad y la innovación surgen cuando los aprendices tienen permiso para seguir sus intereses, colaborar más allá de fronteras y abordar problemas que importan (Brynjolfsson & McAffee, 2014).

De *Manifesto 25*:

> ***La estandarización mata la creatividad y la innovación.*** *La educación de talla única convierte a los aprendices en productos uniformes, midiendo el éxito a través de evaluaciones limitadas. Al fragmentar el*

conocimiento en materias aisladas, ignora la complejidad de los desafíos del mundo real y frena la experimentación y el pensamiento audaz. Para fomentar una innovación genuina, debemos abandonar la uniformidad rígida y adoptar enfoques adaptativos centrados en el aprendiz, que enfaticen la indagación abierta y la colaboración interdisciplinaria. Solo cuando los estudiantes pueden explorar sus intereses, intercambiar perspectivas diversas y participar en la resolución auténtica de problemas, florece la verdadera creatividad.

LOS COSTOS OCULTOS DE LA EDUCACIÓN ESTANDARIZADA

La estandarización afecta de manera desproporcionada a los estudiantes de grupos marginados o subrepresentados al imponer definiciones estrechas de éxito. Los estudiantes cuyas experiencias, perspectivas culturales o formas de pensar difieren de las normas estandarizadas suelen verse en desventaja, y sus capacidades creativas son subvaloradas o ignoradas por completo. Estas inequidades educativas refuerzan desigualdades sociales más amplias al limitar quién es reconocido como exitoso (Darling-Hammond, 2010). Un sistema educativo equitativo debe asegurar que se fomenten y valoren diversas formas de creatividad e innovación, afirmando las fortalezas de todos los estudiantes en lugar de recompensar la conformidad.

Cuando algo se estandariza, normalmente refleja conceptos o prioridades obsoletas, desconectadas de las necesidades contemporáneas. Los currículos estandarizados rara vez mantienen el ritmo de los rápidos cambios tecnológicos, sociales y económicos, dejando a los estudiantes mal preparados para las demandas dinámicas del mundo moderno. Esta desalineación refuerza enfoques de aprendizaje basados en la conformidad en lugar de la creatividad, lo que conduce a resultados educativos desactualizados.

Los currículos rígidos y las pruebas estandarizadas recompensan la uniformidad en lugar de la originalidad. La presión por cumplir con los estándares desincentiva la toma de riesgos y penaliza la experimentación (ambos aspectos fundamentales para el aprendizaje significativo y la innovación). En consecuencia, las escuelas producen estudiantes hábiles en seguir instrucciones pero con dificultades para enfrentar la ambigüedad, la complejidad y situaciones novedosas.

El costo de la conformidad en la educación es alto. Cuando las instituciones educativas priorizan la uniformidad, inadvertidamente desalientan la curiosidad intelectual y la experimentación. Los estudiantes condicionados para la conformidad se vuelven reacios a cuestionar las ideas establecidas, temerosos de desviarse de las respuestas correctas delineadas por los planes de estudio estandarizados. Con el tiempo, esto desincentiva la creatividad, limita la innovación y reduce el rango de ideas que los estudiantes se sienten cómodos expresando. El resultado es una generación de estudiantes capaces de reproducir conocimiento pero que tienen dificultades para originarlo, precisamente cuando la sociedad exige innovadores capaces de responder a los desafíos globales en evolución (Zhao, 2012; Sawyer, 2012).

Además, la educación impulsada por la conformidad agrava las desigualdades existentes. Los estudiantes cuyos antecedentes culturales, intereses o estilos de aprendizaje difieren de las expectativas estandarizadas suelen enfrentar desventajas, sintiéndose marginados cuando sus fortalezas no son reconocidas o son desvalorizadas. Esto socava la equidad al recompensar la homogeneidad en lugar de celebrar los talentos y enfoques diversos para el aprendizaje. Reducir la conformidad en la educación resulta, por tanto, esencial para garantizar la justicia y apoyar las contribuciones únicas de cada estudiante.

CULTIVAR LA CREATIVIDAD: PILARES DE UN SISTEMA DE APRENDIZAJE ADAPTATIVO

Los problemas del mundo real rara vez encajan perfectamente en las categorías académicas tradicionales. Sin embargo, las escuelas suelen compartimentar el conocimiento en disciplinas aisladas, separando la ciencia del arte, las matemáticas de las humanidades y la teoría de la práctica. Esta fragmentación impide que los estudiantes aprecien la naturaleza interconectada de los desafíos de la vida real, dificultando su capacidad para desarrollar soluciones integrales e innovadoras (Klein, 2015).

Un enfoque centrado en el estudiante sustituye los estándares rígidos por trayectorias de aprendizaje personalizadas. Los estudiantes exploran sus intereses a través de la indagación impulsada por la curiosidad y preguntas auténticas. Los educadores facilitan proyectos interdisciplinarios que permiten a los estudiantes integrar conocimientos, colaborar con sus pares y desarrollar soluciones a problemas significativos. Un entorno así fomenta la experimentación, el pensamiento crítico y la toma de riesgos creativa, promoviendo la innovación en lugar de la simple reproducción del conocimiento establecido. Este enfoque también promueve la equidad al reconocer diversas formas de aprender y brindar a todos los estudiantes, especialmente a los marginados, oportunidades iguales para participar y tener éxito.

Una educación centrada en el estudiante va más allá de los resultados predeterminados, permitiendo que los estudiantes se involucren profundamente con preguntas y problemas significativos para ellos. Los estudiantes se convierten en participantes activos en la definición de sus trayectorias educativas, guiados por su curiosidad en lugar de por estándares estandarizados. En la práctica, este enfoque implica planes de estudio flexibles que se adaptan a los intereses cambiantes de los estudiantes y a preocupaciones del mundo real. Los estudiantes participan en proyectos y investigaciones impulsados por la indagación, apoyados por educadores que actúan como facilitadores más que como simples transmisores de contenido. Tales entornos fomentan la motivación intrínseca, la capacidad creativa y la autodirección de los estudiantes, habilidades vitales para adaptarse a los desafíos futuros.

La colaboración interdisciplinaria mejora significativamente la creatividad y la innovación. Cuando los estudiantes trabajan a través de los límites disciplinarios, aprenden a ver los problemas desde múltiples perspectivas, descubriendo conexiones y soluciones que una sola disciplina podría pasar por alto. Integrar disciplinas como el arte con la ingeniería o la literatura con la tecnología ayuda a los estudiantes a desarrollar enfoques originales y efectivos para tareas complejas, reflejando la naturaleza colaborativa de la innovación contemporánea.

La educación interdisciplinaria enriquece las experiencias intelectuales de los estudiantes y los prepara para abordar los problemas cada vez más complejos y multifacéticos de la actualidad. Desafíos como el cambio climático, las crisis de salud pública y las desigualdades sociales requieren enfoques integrados que combinen ciencia, tecnología, humanidades y artes. La educación tradicional, organizada por materias aisladas, tiene dificultades para proporcionar estas habilidades a los estudiantes. Adoptar el aprendizaje interdisciplinario implica ofrecer oportunidades estructuradas (por ejemplo, resolución colaborativa de problemas, proyectos comunitarios o desafíos basados en el diseño) para animar a los estudiantes a pensar más allá de los límites y desarrollar soluciones holísticas. Tal colaboración fomenta el pensamiento innovador al alentar a los estudiantes a combinar perspectivas y métodos diversos.

Los métodos de evaluación deben alinearse directamente con las habilidades y cualidades que la educación busca desarrollar. Las evaluaciones auténticas (por ejemplo, portafolios, presentaciones de proyectos o actividades de resolución de problemas del mundo real) capturan mejor la capacidad de los estudiantes para innovar, pensar críticamente y aplicar el conocimiento en contextos diversos. Estas evaluaciones fomentan el aprendizaje iterativo y la mejora, enfatizando el crecimiento en lugar de temer los errores. Medir lo que realmente importa garantiza que la creatividad y la innovación significativa sean reconocidas y valoradas (Shute & Becker, 2010).

Las evaluaciones estandarizadas tradicionales enfatizan la memorización, la rapidez y la obediencia, dejando de lado formas de aprendizaje más profundas y significativas. Miden habilidades académicas limitadas, descuidando capacidades esenciales como la creatividad, la colaboración, el pensamiento crítico y la resiliencia. Estas son habilidades que ya están siendo reemplazadas por la inteligencia artificial en el ámbito laboral y social. Evaluaciones tan limitadas crean incentivos para que docentes y estudiantes se centren en la preparación para exámenes en detrimento de la exploración y comprensión genuinas. La consecuencia es un sistema que valora la memorización superficial por encima del desarrollo auténtico de habilidades e innovación, en contra de lo que los estudiantes realmente necesitan para el éxito a largo plazo.

SI DEBEMOS MANTENER UN SISTEMA ESTANDARIZADO, SEAMOS PRÁCTICOS...

En la mayoría de los regímenes industrializados, la estandarización es inevitable. En tales casos, los responsables de la formulación de políticas deberían considerar enfoques flexibles similares al Perfil de Aprendizaje de Minnesota de finales de la década de 1990 (ver DeLapp, 2008). A diferencia de los estándares rígidos tradicionales, este enfoque enfatizaba las habilidades prácticas, el pensamiento crítico y el aprendizaje interdisciplinario basado en proyectos. Los estudiantes eran evaluados mediante evaluaciones auténticas como portafolios y tareas de desempeño que demostraban la aplicación real del conocimiento. Los responsables de políticas y los educadores deberían adoptar hoy estándares flexibles similares, asegurando la coherencia sin sacrificar la creatividad o la innovación. Las políticas recomendadas incluyen la integración de evaluaciones basadas en proyectos, el fomento de planes de estudio interdisciplinarios y el mantenimiento de suficiente flexibilidad para que estudiantes y docentes puedan perseguir intereses individuales y abordar los desafíos sociales contemporáneos. Específicamente, los responsables de políticas deberían adoptar marcos que prioricen métodos de evaluación auténticos, planes de estudio basados en proyectos y la indagación liderada por los estudiantes, proporcionando modelos prácticos para una reforma educativa equitativa. Adoptar este enfoque político puede equilibrar la rendición de cuentas con experiencias de aprendizaje significativas y centradas en el estudiante.

Varios sistemas educativos actuales ilustran cómo la estandarización flexible puede equilibrar con éxito la rendición de cuentas con la creatividad y la innovación:

Marco curricular nacional de Finlandia
El sistema educativo de Finlandia utiliza estándares nacionales flexibles centrados en el aprendizaje interdisciplinario, el pensamiento crítico y la resolución de problemas del mundo real. Los estudiantes colaboran regularmente en proyectos entre áreas de conocimiento, evaluados mediante tareas auténticas en lugar de exámenes estandarizados.

Expeditionary Learning (EE.UU)

Las escuelas de EL Education utilizan evaluaciones basadas en el desempeño y portafolios en lugar de pruebas estandarizadas. Los estudiantes participan en proyectos interdisciplinarios basados en la comunidad, con énfasis en la resolución de problemas, la colaboración y las habilidades de presentación, reflejando un enfoque equilibrado hacia los estándares.

Currículo rediseñado de Columbia Británica (Canada)

El currículo de Columbia Británica enfatiza el aprendizaje personalizado y las evaluaciones basadas en competencias, promoviendo un pensamiento más profundo y la innovación. Las evaluaciones priorizan los portafolios de los estudiantes, la autoevaluación y las demostraciones de habilidades y conocimientos aplicados.

Los líderes educativos deben abogar por la flexibilidad curricular, oportunidades de aprendizaje interdisciplinario y evaluaciones que reconozcan logros diversos. Alejarse de la uniformidad permite a las escuelas liberar el potencial creativo de los estudiantes, permitiéndoles adaptarse, innovar y prosperar en medio de la incertidumbre. Pasar de la estandarización hacia enfoques de aprendizaje adaptativo se alinea estrechamente con el llamado de *Manifesto 25* a comprometerse con la equidad, la creatividad y la preparación efectiva de los estudiantes para los desafíos futuros.

Al priorizar la creatividad sobre los estándares rígidos, la educación se transforma de transaccional a transformadora. Los estudiantes obtienen libertad para explorar intereses, colaborar entre disciplinas y comprometerse de manera significativa con problemas complejos. Este enfoque respalda oportunidades de aprendizaje equitativas, preparando a todos los estudiantes para dar forma (y liderar) positivamente a sus futuros.

15
Aprender en el límite de las redes

A principios de 2020, a medida que la COVID-19 se propagaba por todo el mundo, se hicieron evidentes los límites de la experiencia aislada. Ninguna disciplina, institución o gobierno podía responder por sí solo. El progreso dependía de la convergencia. Perspectivas diversas, experimentación rápida y colaboración global se combinaron para generar nuevo conocimiento a gran velocidad. Gran parte del aprendizaje más relevante ocurrió entre instituciones, no dentro de ellas, ya que las ideas se movieron rápidamente a través de fronteras y se adaptaron a las necesidades locales.

Las redes y plataformas abiertas se convirtieron en tejido conectivo. En GitHub, desarrolladores colaboraron en modelos pandémicos y aplicaciones de rastreo. Los espacios maker imprimieron en 3D equipos de protección personal (EPP) y compartieron archivos libremente. Editores de Wikipedia actualizaron miles de entradas en decenas de idiomas. Docentes intercambiaron planes de lecciones en redes sociales y los adaptaron para sus comunidades.

Lo que hizo tan poderosa esta respuesta fue la manera en que las redes permitieron a las personas aportar su conocimiento, construido a partir de significados personales e institucionales derivados de datos e información, para dialogar con otros. Un ingeniero mecánico en Nairobi, una profesora de biología en São Paulo y una organizadora de salud comunitaria en Nueva Delhi podían participar significativamente en experiencias de aprendizaje compartidas, cada uno contribuyendo y adaptando ideas a sus propios contextos. Juntos, generaron un conocimiento más rico que la suma de sus partes.

La respuesta a la COVID-19 nos recordó que el conocimiento no es estático, ni reside únicamente en expertos o libros de texto. Crece donde se cruzan fronteras entre disciplinas, culturas y experiencias vividas. Este tipo de aprendizaje prospera en los márgenes de los sistemas, donde los conocimientos colisionan y surgen nuevos significados. En un mundo interconectado, la agencia y la autoeficacia desarrollada para navegar estos cruces es esencial.

LAS REDES QUE SE CRUZAN HACEN VISIBLE EL CONOCIMIENTO

Cuando decimos que el conocimiento crece en los límites de las redes, nos referimos a algo más que el intercambio de información. Nos referimos a la *producción de nuevo conocimiento transformador*: donde algo nuevo y valioso surge del encuentro entre perspectivas. El conocimiento se hace visible cuando las perspectivas colisionan y producen un valor que antes no existía. Se desplaza entre personas, lugares e ideas, ganando fuerza a medida que avanza.

De *Manifesto 25*:

> ***El conocimiento crece donde los límites de las redes se intersectan.*** *La pedagogía emergente de este siglo no está cuidadosamente planificada: evoluciona de manera fluida. El aprendizaje se desarrolla a medida que atravesamos y expandimos redes, conectando conocimientos individuales para crear nuevas comprensiones. Al compartir experiencias, generamos un conocimiento social que enriquece la perspectiva colectiva. La educación debe priorizar la formación de individuos con las herramientas, competencias y alfabetizaciones necesarias, como la fluidez digital, la conciencia cultural y la navegación de redes, para prosperar en estos sistemas interconectados. A través de este proceso, los aprendices contextualizan sus talentos y conocimientos únicos, capacitándose para enfrentar nuevos desafíos con creatividad y confianza.*

Esta visión se alinea con discusiones previas sobre el aprendizaje invisible, donde el crecimiento a menudo ocurre sin guiones formales ni reconocimiento. El trabajo autodirigido se vuelve poderoso cuando se cruza con espacios y herramientas compartidas. El aprendizaje también se fortalece cuando la educación va más allá de contenedores rígidos y refleja la fluidez de la vida fuera de las aulas. No comienza ni termina según un horario. Se profundiza donde se superponen comunidades y experiencias.

La fusión de agencia y autoeficacia amplía aún más esta visión. Cuando se confía en las personas para navegar sus propias redes (es decir, para tomar decisiones, experimentar y perseverar), trascienden el aprendizaje para convertirse en contribuyentes. La agencia permite la exploración, y la autoeficacia alimenta la creencia de que las propias contribuciones importan. Juntas, estas fuerzas posicionan a los aprendices como nodos en redes vivas, no como consumidores pasivos de información.

Esto tiene profundas implicaciones. En un mundo marcado por crisis superpuestas y desafíos complejos, el conocimiento confinado en compartimentos es insuficiente. Necesitamos personas capaces de traducir conocimientos entre dominios, tender puentes entre contextos desconocidos y formular mejores preguntas. Ya sea que hablemos de adaptación climática, gobernanza digital o resiliencia comunitaria, es en estos puntos de intersección (a través de disciplinas, generaciones y geografías) donde el aprendizaje real se acelera y nace nuevo conocimiento.

MARCOS PARA EL APRENDIZAJE EN LOS MÁRGENES DE LAS REDES

Para diseñar la educación en un mundo en red, necesitamos marcos que reflejen cómo se forma el conocimiento, no como contenido estático para ser consumido, sino como un fenómeno dinámico, relacional y construido a partir de significados co-creados. Esto requiere repensar no solo los métodos pedagógicos, sino la propia arquitectura de los sistemas de aprendizaje.

Un modelo útil es el marco conectivista propuesto por George Siemens (2007b) y Stephen Downes (2022). El conectivismo sugiere que el aprendizaje en la era digital ya no se trata de lo que sabemos individualmente, sino de cómo nos conectamos con el conocimiento distribuido en redes, tanto humanas como tecnológicas. La capacidad de reconocer patrones, localizar experiencia y construir conocimiento socialmente se vuelve más importante que memorizar hechos. En este modelo, los educadores actúan menos como expertos en contenido y más como facilitadores de redes: ayudando a los aprendices a identificar, unirse y contribuir a comunidades de práctica.

El modelo de aprendizaje rizomático, inspirado en Deleuze y Guattari (1987), ofrece otra perspectiva. Considera el aprendizaje como un proceso impredecible y auto-propagado que crece como un rizoma, de manera no lineal, con múltiples puntos de entrada y salida. En este modelo, el papel del currículo no es prescribir caminos, sino invitar a la exploración, la improvisación y la co-construcción. El conocimiento surge no de la autoridad, sino de la participación.

También podemos recurrir a la teoría de la construcción del conocimiento (Scardamalia & Bereiter, 2010), que sitúa a las comunidades de aprendizaje como agentes del avance cognitivo colectivo. Se espera que los aprendices no solo absorban ideas, sino que las hagan avanzar. El objetivo no es solo comprender el conocimiento existente, sino mejorarlo. Central en esto es el principio de agencia epistémica: los aprendices asumen la responsabilidad de identificar problemas, generar ideas y refinarlas mediante el diálogo y la retroalimentación.

Tabla 1. Panorama de los marcos de aprendizaje en red.

MARCO	IDEA CENTRAL	PAPEL DEL APRENDIZ	PAPEL DEL EDUCADOR	IMPACTO
Conectivismo	El aprendizaje ocurre a través de conexiones entre personas y sistemas digitales	Navega, sintetiza y participa en comunidades	Facilita conexiones, selecciona recursos	Prioriza la fluidez digital y la navegación del conocimiento
Aprendizaje rizomático	El conocimiento crece de manera impredecible a través de la exploración	Co-construye significado mediante la indagación abierta	Crea condiciones para la improvisación	Fomenta trayectorias de aprendizaje adaptativas y no lineales
Construcción del conocimiento	Las comunidades de aprendizaje mejoran la comprensión colectiva	Hace avanzar ideas de manera colaborativa, asume agencia epistémica	Guía la indagación, apoya el perfeccionamiento del conocimiento	Desarrolla capacidad para la innovación sostenida y el aprendizaje social

Estos marcos están unidos por un principio central: el conocimiento prospera en los márgenes cuando personas, contextos y experiencias colisionan y colaboran. En la práctica, esto significa diseñar experiencias de aprendizaje que:

1. Fomenten el cruce de fronteras: trabajar entre disciplinas, grupos de edad, culturas y roles.
2. Centren la indagación: estructurar el aprendizaje en torno a preguntas significativas y complejas en lugar de contenidos fijos.
3. Promuevan la alfabetización en redes: ayudar a los aprendices a navegar espacios digitales, identificar fuentes confiables y construir conocimiento colaborativo en línea.
4. Inviten a la participación: asegurar que los aprendices tengan voz, elección y responsabilidad en la configuración de sus entornos de aprendizaje.
5. Valoren la iteración: comprender el conocimiento como algo siempre en evolución, provisional y que requiere perfeccionamiento mediante el diálogo y la acción.

Al diseñar sistemas para apoyar este tipo de aprendizaje, debemos alejarnos de jerarquías rígidas y avanzar hacia estructuras abiertas, relacionales y adaptables. El objetivo no es dominar un cuerpo de conocimiento, sino volverse fluido en el movimiento mismo del conocimiento.

APRENDER EN LAS INTERSECCIONES

En un mundo definido por el cambio constante, la complejidad y una profunda interdependencia, el conocimiento se desplaza a través de redes, comunidades y plataformas: crece, muta y se adapta con cada nueva conexión que cada uno de nosotros realiza. Para educar en un mundo así, debemos dejar de tratar el aprendizaje como una transferencia de contenido estático y comenzar a asumirlo como una práctica generativa, social y en red.

Cuando la educación ayuda a los aprendices a encontrar los límites de su conocimiento y a conectarse con otros a través de disciplinas, contextos y experiencias de vida, ocurre algo transformador. La percepción individual se convierte en inteligencia colectiva. El crecimiento personal contribuye a la capacidad compartida. El propósito del aprendizaje cambia de preparar a las personas para encajar en roles predefinidos a prepararlas para ayudar a dar forma a lo que viene.

Este es el núcleo del mensaje de *Manifesto 25*: el aprendizaje no evoluciona mediante la coerción y el control, sino a través del contacto auténtico. A través de las relaciones. A través de la fricción, la divergencia y la creación compartida. Y que el conocimiento, en su forma más beneficiosa, es algo que surge de nuestras experiencias compartidas.

Diseñar para este tipo de aprendizaje no significa descartar la estructura, sino construir sistemas lo suficientemente flexibles para adaptarse, lo suficientemente abiertos para conectar y lo suficientemente valientes para confiar en la emergencia. En estos sistemas, los aprendices amplían lo que saben, remezclan lo que otros conocen y comparten nuevos conocimientos y resultados innovadores para generar cambios en el mundo.

La educación se convierte así en un acto de tejer: reunir personas, ideas y herramientas a través del espacio y el tiempo. En cada intersección, surgen nuevas posibilidades para la creatividad, la comprensión y la acción transformadora.

16

Los títulos son obsoletos por diseño... *cuando el conocimiento tiene la vida útil de un plátano*

Los rápidos avances en la ciencia, la tecnología y la organización del trabajo han acortado la vida útil del conocimiento. Un título universitario puede perder relevancia más rápido de lo que un plátano se oscurece en la encimera de la cocina. El guion familiar de obtener un diploma, asegurar una carrera y seguir un camino estable ya no se ajusta a las condiciones actuales. Este cambio marca una ruptura clara con las expectativas previas sobre la estabilidad del conocimiento y el trabajo en una *Era de la Disrupción*. El conocimiento que antes se mantenía estable el tiempo suficiente para sustentar programas de cuatro años ahora cambia dentro de una sola cohorte. Los estudiantes a menudo descubren que lo aprendido en el primer año necesita revisión antes de que comience el segundo (Reich, 2020).

Este patrón es ampliamente reconocido por educadores, innovadores y futuristas que ven cómo la velocidad del cambio está transformando la manera en que funciona el aprendizaje (véase especialmente World Economic Forum, 2025). La pregunta ya no es si disciplinas como la ciencia, la tecnología, la ingeniería o las humanidades están transformándose, sino cuán rápido y cuán profundamente. Los planes de estudio estáticos luchan por mantenerse al día. En respuesta, voces con visión de futuro abogan por experiencias de aprendizaje que permanezcan fluidas y adaptativas, alineadas con tecnologías emergentes y necesidades sociales cambiantes. Su conclusión es tajante. El diploma, tal como lo conocemos, está atrasado para su retiro.

Como escribimos en *Manifesto 25*:

> ***Los títulos son obsoletos por diseño.*** *Muchos programas de grado estáticos, diseñados para campos fijos con objetivos claros, quedan desactualizados o son irrelevantes antes de que los estudiantes terminen su primer año. Los diplomas tradicionales no logran mantenerse al ritmo del cambio acelerado y, con frecuencia, no reflejan la profundidad de las habilidades y logros del mundo real. Es necesario un cambio concertado hacia un nuevo sistema descentralizado que valore la creatividad, la resolución de problemas y el impacto real por encima del tiempo pasado en un aula. Los aprendices necesitan sistemas de reconocimiento dinámicos que se adapten a ellos, recompensando el crecimiento y las contribuciones que reflejan las demandas siempre cambiantes del mundo.*

Un título en ingeniería química o marketing presuponía un cuerpo de conocimiento y práctica estable. Pero a medida que avanzamos rápidamente, estos campos pueden transformarse en algo irreconocible en pocos años. Los diplomas tradicionales no pueden seguir el ritmo; son un artefacto de una época más lenta, más aptos para señalar tiempo de permanencia que para demostrar habilidades genuinas y preparadas para el futuro.

En la Era de la Disrupción, la adaptabilidad y la imaginación importan más que las credenciales estáticas. Puede que estemos acercándonos a lo que se ha llamado una *singularidad tecnológica* (Vinge, 1992), pero el límite más inmediato puede ser la propia imaginación humana. ¿Podemos anticipar las posibilidades que se encuentran más allá de nuestra capacidad actual de predicción? A medida que las máquinas aprenden, las industrias se reorganizan y surgen nuevos desafíos, el recurso más confiable no es una credencial fija, sino una mentalidad de aprendizaje que mantenga el ritmo del cambio o incluso lo adelante (Dweck, 2006).

Sin embargo, este no es un escenario apocalíptico. Es un impulso para repensar qué significa "calificación". Necesitamos nuevos enfoques, interactuando dentro de un sistema descentralizado que sitúe la creatividad, la resolución de problemas y el impacto tangible por encima de las horas de aula. En lugar de señalar un diploma como prueba de dominio, los aprendices deberían poder mostrar portafolios en evolución de proyectos, innovaciones y colaboraciones que demuestren que pueden prosperar en la incertidumbre. Fracasar, pivotar y experimentar se convierten en ritos de paso necesarios, no en marcas negativas.

En tales sistemas, los educadores cambian de rol. Se convierten en curadores y facilitadores que guían a los aprendices a través de trayectorias personalizadas en lugar de imponer secuencias estandarizadas. Las credenciales formales pueden seguir siendo importantes, pero deben permanecer dinámicas. Los aprendices deberían poder avanzar en tiempo real, en función de la capacidad demostrada, en lugar de esperar a una sola ceremonia o diploma que declare el aprendizaje como completo. Nadie termina de aprender nunca.

Entonces, ¿qué hacemos cuando un título universitario tiene la vida útil de un plátano? Adoptamos una reinvención radical. Dejamos de tratar la educación como una casilla que hay que marcar y comenzamos a verla como un proceso continuo y creativo que se extiende más allá de los muros del campus y trasciende los límites disciplinares estrechos. Ampliamos nuestra definición de inteligencia para incluir la resiliencia emocional, el razonamiento ético y la capacidad colaborativa. Aprovechamos la capacidad humana de reinventarnos; y al hacerlo, encontramos nuevas posibilidades incluso cuando el horizonte sigue cambiando.

CINCO CAMINOS MÁS ALLÁ DE LOS DIPLOMAS SIGUEN ESTE CAMBIO:

1. Repensar la acreditación a través de portafolios dinámicos.
Una forma de ir más allá de los títulos estáticos es adoptar modelos de evaluación continua y en tiempo real que crezcan con los aprendices. En lugar de obtener un diploma al final de un programa fijo, las personas construyen portafolios dinámicos que muestran sus capacidades en evolución. A medida que completan proyectos, colaboran en equipos o desarrollan nuevas soluciones, estos logros se agregan a un perfil vivo accesible para empleadores, pares e instituciones educativas. Este enfoque valora el crecimiento continuo del aprendiz en lugar de limitar sus logros a un solo papel, y ofrece evidencia transparente de lo que puede aportar en un entorno en rápida transformación. Los portafolios acompañan el trabajo más allá de la graduación.

2. Adoptar microcredenciales e insignias abiertas.
En un ecosistema de aprendizaje descentralizado, las credenciales formales aún pueden cumplir una función, si son lo suficientemente flexibles para adaptarse. Las microcredenciales o insignias digitales otorgadas por habilidades, logros y contribuciones específicas proporcionan una visión más detallada del recorrido del aprendiz. Un desarrollador de software podría acumular insignias por experiencia en nuevos marcos de codificación, mientras que un trabajador social podría obtener credenciales en métodos de asesoramiento especializados. Estos reconocimientos más pequeños y específicos reflejan un progreso genuino y demuestran preparación para desafíos reales, ya sea dentro o fuera de las instituciones tradicionales.

3. Revisión por pares y validación colaborativa.
Los aprendices suelen depender de instructores o administradores para validar su progreso, pero una alternativa sólida es adoptar modelos colaborativos de retroalimentación y evaluación. En una estructura educativa "plana", la retroalimentación fluye libremente entre pares, mentores y miembros de la comunidad que tienen conocimiento directo de las contribuciones del aprendiz. Este

enfoque imita el trabajo en equipo del mundo real, donde los resultados exitosos dependen del aporte colectivo. Las plataformas que facilitan la revisión por pares y la reflexión grupal pueden crear una cultura de mejora continua, reduciendo la dependencia de la autoridad jerárquica y empoderando a los aprendices para perfeccionar sus habilidades de manera inmediata y significativa.

4. Integrar tecnología centrada en lo humano.
La tecnología puede agilizar estas innovaciones y hacerlas escalables. Las redes descentralizadas basadas en blockchain, por ejemplo, ofrecen una forma segura de registrar logros sin un ente central. Los aprendices pueden almacenar sus credenciales en una billetera digital personal, que sigue siendo válida en diferentes instituciones e industrias. Mientras tanto, los sistemas de recomendación impulsados por IA pueden ayudar a los aprendices a identificar áreas de crecimiento, actuando como "navegadores de aprendizaje" personalizados. Estas tecnologías no reemplazan la orientación humana, sino que la potencian, liberando a los educadores para centrarse en la mentoría personalizada, el bienestar y la resolución de problemas complejos en lugar de tareas administrativas.

5. Pasar de "una vez y listo" al aprendizaje a lo largo de la vida.
Quizás el cambio más significativo es reconocer que nadie termina realmente de aprender. Los títulos tradicionalmente implican un punto final, pero en un mundo donde la tecnología y las realidades sociales están en constante cambio, la educación debe permanecer fluida y continua. Las instituciones pueden convertirse en centros de aprendizaje a lo largo de la vida, ofreciendo frecuentes "mejoras de nivel" que reflejan nuevas competencias adquiridas a través del trabajo, el servicio o la investigación independiente. La verdadera pregunta no es si una persona tiene un diploma, sino cómo continúa desarrollando sus capacidades y cómo se reconoce y comparte su crecimiento.

La suposición de que un periodo intensivo de estudio al inicio de la vida es suficiente para prepararnos para décadas de trabajo ya no es válida. Nuestro mundo evoluciona demasiado rápido, y el ritmo de la innovación exige una construcción y reconstrucción continua de habilidades mucho más allá de un programa de dos o cuatro años. La educación debe ampliar su alcance para convertirse en un proceso de por vida, en lugar de una sola credencial de “una vez y listo”. Esto requiere un cambio fundamental tanto en la estructura como en el propósito: en lugar de instituciones que atienden principalmente a jóvenes de dieciocho años en un campus, necesitamos redes fluidas que apoyen a aprendices de todas las edades, con puntos de entrada, horarios y planes de estudio flexibles que se adapten a las necesidades cambiantes de la industria y la sociedad. Tal modelo rompe con la noción de terminar la educación a cierta edad y anima a las personas a ver el aprendizaje como un viaje continuo e iterativo.

Cuando el aprendizaje se distribuye a lo largo de la vida, desafía el término “educación superior” tal como lo conocemos. Si las universidades se convierten en centros de crecimiento continuo en lugar de una sola etapa, quizás necesitemos encontrar un nuevo lenguaje que vaya más allá de “educación continua”, “educación distribuida” o incluso “ecosistemas de aprendizaje”. Las implicaciones son significativas. Los modelos de financiamiento, los procesos de acreditación y la infraestructura de los campus requerirían una transformación completa. La relación entre estudiantes y docentes podría volverse más fluida, con aprendices que entran y salen de programas estructurados repetidamente a lo largo de sus carreras. El propio profesorado podría asumir más roles como entrenadores, colaboradores en proyectos, co-aprendices y organizadores comunitarios, en lugar de ser solo conferencistas tradicionales. Esta transformación también exigiría herramientas tecnológicas que integren de manera fluida la experiencia vivida, los resultados laborales y los logros basados en proyectos en evaluaciones continuas de habilidades y conocimientos. El resultado sería una concepción fundamentalmente diferente de la educación: una que se mantenga relevante sin importar en qué etapa de la vida te encuentres, o cuán rápido cambie el mundo a tu alrededor.

Este momento exige imaginación sin las ataduras de las viejas normas. *Manifesto 25* enmarca esto no como un rechazo por sí mismo, sino como una afirmación de posibilidades. Cuando la educación valora el crecimiento sobre la inmovilidad, el impacto sobre el tiempo de permanencia, y el coraje creativo sobre la previsibilidad, se vuelve capaz de responder a un futuro que se niega a quedarse quieto.

CAHIER TRES

Aprender como proceso humano y relacional

ENMARCANDO

El aprendizaje se desarrolla nos demos cuenta o no. Gran parte es invisible, entretejido en la experiencia diaria a través de la curiosidad, la experimentación y los encuentros más allá del aula. Los intentos de forzar este tipo de aprendizaje a la visibilidad le quitan su vitalidad. La tarea central es crear espacios de confianza—escuelas, lugares de trabajo y comunidades que valoren la exploración, apoyen el crecimiento y no confundan la medición con el significado.

Al mismo tiempo, la educación a menudo confunde información con conocimiento. Los datos y hechos pueden recopilarse, almacenarse y evaluarse, pero solo se convierten en conocimiento cuando las personas crean significado y lo usan para actuar en el mundo. Los esfuerzos por "gestionar" el conocimiento lo reducen nuevamente a fragmentos, socavando la posibilidad de innovación.

La estandarización profundiza este problema. La escolarización de talla única aplana la diversidad, fragmenta la comprensión en materias aisladas y premia la uniformidad por encima de la imaginación. La creatividad genuina depende de la indagación abierta, la libertad de cruzar fronteras y las oportunidades de conectar ideas de formas inesperadas.

El futuro del aprendizaje está en las redes. A medida que las personas comparten lo que saben, las intersecciones generan nuevos conocimientos y crecimiento colectivo. Navegar estas redes requiere alfabetizaciones como la fluidez digital, la conciencia cultural y la capacidad de colaborar en diferentes contextos. La educación debe preparar a los aprendices para prosperar en estos espacios interconectados, no en compartimentos estancos.

Los títulos tradicionales, diseñados para campos estables y resultados fijos, ya no se ajustan al ritmo del cambio. Muchos pierden relevancia antes de que los estudiantes siquiera se gradúen, sin reflejar las habilidades y contribuciones reales. Se necesita un nuevo sistema de reconocimiento que evolucione con los aprendices, valore la creatividad y la resolución de problemas, y refleje el impacto en el mundo real más que el tiempo pasado en el aula.

Este tercer Cahier es una invitación a reimaginar la educación más allá de su marco actual: respetar lo invisible, tratar el conocimiento como significado, rechazar la uniformidad, abrazar las redes y diseñar sistemas de reconocimiento que avancen con nosotros.

PREGUNTAS PARA LA REFLEXIÓN

1. **Aprendizaje invisible.** Recuerda un momento en que aprendiste algo vital fuera de las estructuras escolares o laborales. ¿Cómo te cambió? ¿Por qué la educación tradicional tendría dificultades para reconocerlo?
2. **Información vs. conocimiento.** ¿Dónde en tu aprendizaje eres recompensado por recordar fragmentos en lugar de crear significado? ¿Qué se pierde cuando la educación trata la información como un punto final?
3. **Uniformidad vs. creatividad.** ¿Cómo ha aplanado la estandarización tu propio aprendizaje o el de las personas a tu alrededor? ¿Qué podría reemplazar la escolarización de talla única con enfoques que honren la diferencia y la imaginación?
4. **Redes como aulas.** ¿Qué redes (digitales, culturales, profesionales, sociales) han ampliado más tus horizontes? ¿Cómo podrían las escuelas e instituciones abrazar esas intersecciones en lugar de fingir que no existen?

5. **Títulos por diseño.** Si los diplomas ya están obsoletos cuando se otorgan, ¿qué formas de reconocimiento podrían captar las habilidades reales, la creatividad y el impacto de los aprendices hoy?
6. **La confianza como infraestructura.** ¿Qué haría falta para que tu escuela, lugar de trabajo o comunidad creara entornos de profunda confianza donde el aprendizaje invisible pueda prosperar sin ser forzado a métricas?

Intenta esto

Toma una hoja de papel o utiliza las páginas de notas que siguen. Dibuja un sistema de reconocimiento que acredite lo que realmente creas, compartes o contribuyes en redes de aprendizaje. Muestra cómo valora el crecimiento sin reducirlo nuevamente a calificaciones o credenciales.

Notes

Notes

Notes

17

La equidad genuina exige escuelas creativas

Los sistemas educativos que definen el éxito a través de la conformidad y el cumplimiento perpetúan la inequidad por diseño. Este marco limitado deja de lado a los aprendices cuyas fortalezas residen en la originalidad, la invención o el pensamiento no convencional. Los estudiantes que resuelven problemas de manera diferente o expresan ideas de formas no tradicionales son ignorados o mal etiquetados. La equidad no puede existir en sistemas que premian la homogeneidad. La verdadera equidad requiere reconocer y valorar una amplia gama de talentos, perspectivas y experiencias vividas, y desmantelar las estructuras que suprimen la expresión creativa y el pensamiento innovador.

De *Manifesto 25*:

> ***Cualquier sistema educativo que tolere la inequidad es cómplice de la injusticia.*** *Los sistemas diseñados para perpetuar la desigualdad fallan a todos. Las escuelas deben ir más allá de los reconocimientos simbólicos de la diversidad para desmantelar las barreras sistémicas. Los curriculum deben amplificar las voces marginadas y garantizar que cada aprendiz sea genuinamente visto, escuchado y valorado. La equidad y la inclusión no son complementos opcionales: son la base de un sistema educativo justo y sostenible.*

La equidad genuina toma forma en entornos de aprendizaje donde se confía en los estudiantes para explorar y expresar su creatividad sin miedo. Esto es especialmente importante para quienes han sido desalentados o excluidos por motivos de raza, género, estatus socioeconómico, discapacidad o identidades interseccionales. Las escuelas inclusivas entienden la creatividad como algo central al aprendizaje, no como una distracción. Crean condiciones donde los estudiantes se sienten seguros para experimentar, hacer preguntas poco habituales y desarrollar perspectivas que desafían la convención. En estos entornos, los aprendices están empoderados para construir futuros que reflejen quiénes son (Gay, 2018).

Una cultura escolar equitativa invita a la experimentación y al riesgo intelectual. El profesorado modela la curiosidad, acoge la divergencia y busca activamente perspectivas que a menudo son ignoradas. Este enfoque es especialmente poderoso para estudiantes racializados, estudiantes de entornos con bajos ingresos, estudiantes con discapacidades y otras personas marginadas por normas educativas rígidas. Cuando la creatividad se trata como un valor central, las escuelas reconocen que el talento está ampliamente distribuido, incluso cuando la oportunidad no lo está (véase especialmente Robinson, 2011).

Los planes de estudio que priorizan la creatividad elevan las voces marginadas por diseño. Cuando se anima a los estudiantes a generar trabajos originales, sus identidades, culturas y experiencias pasan a formar parte del propio currículo. El aprendizaje creativo va más allá de la diversidad superficial e integra la experiencia vivida en la práctica diaria. La inclusión significa crear espacios donde los estudiantes puedan expresarse desde quienes son, incluso cuando sus perspectivas cuestionan supuestos establecidos.

La equidad, en última instancia, requiere alejarse de estándares rígidos hacia trayectorias de aprendizaje flexibles y personalizadas que se alineen con las fortalezas, intereses y contexto de cada estudiante. Los enfoques personalizados benefician a estudiantes de comunidades marginadas al ampliar lo que significa el éxito. El logro puede surgir a través del arte, la ciencia, el emprendimiento, la acción cívica o la innovación social. Cuando la educación reconoce múltiples trayectorias, honra identidades interseccionales y fomenta pertenencia, compromiso y propósito (Zhao, 2012).

Los líderes escolares y responsables de políticas pueden tomar medidas concretas para avanzar en la equidad a través de la creatividad y la innovación.

1. Rediseñar los planes de estudio para fomentar la creatividad interdisciplinaria y la inclusión.
Los planes de estudio deben priorizar la exploración interdisciplinaria, el aprendizaje basado en proyectos y la resolución de problemas del mundo real. Los estudiantes podrían abordar la sostenibilidad utilizando herramientas digitales y análisis de datos para proponer soluciones innovadoras para sus comunidades. Las lecciones deben aprovechar experiencias culturales diversas, invitando a los estudiantes a expresar ideas a través de medios digitales, programación y plataformas de narración. Por ejemplo, los estudiantes podrían utilizar plataformas de narración digital y análisis de datos para documentar y analizar historias de comunidades locales, permitiéndoles amplificar voces, experiencias y perspectivas tradicionalmente marginadas mientras desarrollan habilidades de alfabetización digital.

2. Fomentar una cultura escolar favorable a la creatividad.
Construir entornos de aula que animen a la experimentación y la toma de riesgos intelectuales. El profesorado debe utilizar plataformas como pódcast, portafolios digitales o videos creados por estudiantes para compartir voces diversas e ideas innovadoras, promoviendo la curiosidad y perspectivas únicas. Las escuelas pueden organizar ferias de innovación o hackatones donde los estudiantes compartan proyectos que reflejen sus contextos e intereses para resolver problemas que les resulten significativos.

3. Desarrollar trayectorias de aprendizaje personalizadas y flexibles.
Reemplazar los modelos educativos rígidos y estandarizados por trayectorias adaptadas a los talentos y aspiraciones individuales que resuenen profundamente con cada estudiante. Por ejemplo, los estudiantes pueden interactuar con tecnologías de aprendizaje adaptativo, mentoría personalizada impulsada por IA o proyectos colaborativos virtuales para perseguir sus pasiones en campos como la narración digital, la innovación STEM/STEAM, el emprendimiento social o las artes creativas.

4. Invertir en espacios de innovación y recursos digitales.
Crear centros de innovación, espacios de creación o estudios creativos virtuales equipados con tecnología moderna—como realidad virtual, realidad aumentada, plataformas de programación y herramientas de producción multimedia. Proporcionar estos recursos asegura que los estudiantes marginados puedan acceder a herramientas que apoyen la innovación y la exploración creativa, reduciendo las desigualdades digitales.

5. Construir alianzas genuinas para el aprendizaje auténtico.
Colaborar con empresas locales, organizaciones sin fines de lucro, universidades y organizaciones culturales para ofrecer proyectos significativos del mundo real. Estas alianzas validan trayectorias diversas hacia el éxito, ayudando a los estudiantes a aplicar su creatividad e innovación en contextos reales.

6. Promover el liderazgo y la voz estudiantil diversa.
Empoderar a los estudiantes marginados dándoles plataformas para compartir sus ideas, liderar proyectos escolares y dar forma a su entorno educativo. Apoyar pódcast dirigidos por jóvenes, blogs o canales de medios digitales para compartir y amplificar experiencias diversas, fomentando la agencia, la pertenencia y la visibilidad.

La inclusión real significa reconocer y cultivar el potencial de cada estudiante. Las escuelas deben reemplazar los estándares uniformes por trayectorias de aprendizaje flexibles y personalizadas, proporcionando oportunidades que realmente se ajusten a las pasiones, intereses y talentos de cada estudiante. Esto requiere pasar de estructuras orientadas a la conformidad a entornos donde la creatividad florece al reconocerse y celebrarse a cada persona. La evaluación, asimismo, debe evolucionar para reconocer la innovación, el esfuerzo y la originalidad, en lugar de la mera conformidad con expectativas estandarizadas.

La verdadera equidad en la educación permite que cada estudiante participe y contribuya de manera significativa al mundo. Cuando las escuelas ponen la creatividad en el centro, desmantelan barreras que afectan desproporcionadamente a estudiantes marginados, especialmente estudiantes racializados, aquellos de entornos socioeconómicos bajos, estudiantes con discapacidades o estudiantes cuyos talentos históricamente no han sido reconocidos. Priorizar la creatividad crea entornos donde los estudiantes marginados ganan confianza, encuentran su voz y comparten perspectivas únicas que de otro modo podrían permanecer ocultas. La creatividad orientada a la equidad garantiza que todos los estudiantes reciban la libertad y los recursos para explorar y expresar plenamente su potencial. Cada estudiante merece una educación que cultive intencionadamente sus fortalezas y aspiraciones individuales, eliminando las barreras sistémicas que perpetúan la inequidad.

18
Educar para un planeta compartido

Estamos viviendo crisis globales superpuestas: colapso climático, desplazamientos masivos, colapso ecológico, aumento del autoritarismo y fragmentación digital. Moldean la vida cotidiana. Las personas jóvenes llegan a la adultez en medio de la inestabilidad, la desigualdad y la fragilidad ecológica, pero la mayoría de los sistemas educativos aún tratan estas condiciones como periféricas u opcionales. Los planes de estudio siguen siendo compartimentados y ensimismados, desconectados de las realidades que habitan los estudiantes y de los futuros que deben ayudar a construir

Si la educación quiere seguir siendo relevante, debe pasar de preparar a los estudiantes para tener éxito en un mercado competitivo a prepararlos para sostener la vida en un planeta compartido. Es decir, debemos redefinir la educación como una práctica de responsabilidad compartida, no solo como un medio de avance individual. Necesitamos experiencias educativas que desarrollen la capacidad de los estudiantes para comprender la interdependencia, navegar la complejidad y actuar con cuidado a través de fronteras culturales y ecológicas. En resumen, necesitamos enseñar para la *ciudadanía planetaria* (OCDE, 2020; Nussbaum, 2011).

Construir una simple conciencia de los problemas globales no contribuirá a resolver estos problemas; los estudiantes deben estar preparados para responder con perspicacia, cuidado y estar listos para actuar con comprensión. Debemos pasar de la transmisión de contenidos a una pedagogía basada en las relaciones, el pensamiento sistémico y el compromiso con el mundo real. El aprendizaje debe ayudar a los estudiantes a comprender la complejidad y actuar responsablemente dentro de ella.

La educación para la ciudadanía global va más allá del conocimiento de los libros de texto. Hace hincapié en la empatía, el razonamiento ético y la colaboración en la diferencia. En lugar de ver los problemas globales como algo lejano, se anima a los estudiantes a conectarlos con sus propias comunidades y experiencias. Este enfoque se aleja de una mentalidad de caridad. Se centra en la solidaridad, la justicia y el aprendizaje mutuo, situando a los estudiantes no como salvadores, sino como co-creadores de futuros sostenibles.

De *Manifesto 25*:

> ***Los actos de ciudadanía global transforman la experiencia personal en impacto planetario.*** *Arraigados en contextos locales y en un compromiso significativo con comunidades diversas, conectan las perspectivas individuales con los desafíos globales. La educación debe preparar a los aprendices para abordar estos desafíos mediante la empatía intercultural, la responsabilidad ética y la resolución colaborativa de problemas. Esto requiere alfabetizaciones centradas en el planeta: marcos que vinculen las acciones locales con soluciones globales, respetando los derechos individuales y colectivos. Al alinear la agencia (capacidad de acción) personal con herramientas compartidas, la educación empodera a los aprendices para actuar a nivel local y global, moldeando futuros sostenibles y equitativos.*

DE LA CIUDADANÍA GLOBAL A LA CIUDADANÍA PLANETARIA

Una educación efectiva para la ciudadanía global requiere alfabetizaciones centradas en el planeta, marcos prácticos que ayuden a los estudiantes a comprender dinámicas globales complejas y su relación con los problemas locales

(Meadows, 2008). Por ejemplo, estudiantes que estudian el cambio climático podrían explorar impactos locales como islas de calor urbanas o alteraciones agrícolas, aprendiendo cómo acciones específicas de la comunidad pueden influir en soluciones más amplias. A través de estudios de caso y proyectos experienciales, los estudiantes desarrollan la capacidad de analizar sistemas globales e identificar puntos de apalancamiento local para el cambio.

Ciudadanía planetaria amplía la visión de la ciudadanía global. Esta distinción es importante porque determina cómo diseñamos el aprendizaje: no solo lo que enseñamos, sino cómo pedimos a los estudiantes que piensen, sientan y actúen. Reconoce que nuestras responsabilidades se extienden más allá de las personas, hacia los sistemas vivos que nos sostienen. Los estudiantes aprenden a comprender la Tierra no solo como un escenario para la actividad humana, sino como un sistema dinámico e interdependiente que exige cuidado, humildad y acción.

Tabla 2. Diferenciando la ciudadanía global de la ciudadanía planetaria.

CONCEPTO	ENFOQUE CENTRAL	PRÁCTICAS CLAVE
Ciudadanía global	Participación cívica y justicia en un mundo globalizado	Aprendizaje-servicio, debates sobre cuestiones, educación en derechos humanos
Ciudadanía planetaria	Cuidado, interdependencia y sostenibilidad ecológica	Pensamiento sistémico, análisis local-global, acción basada en la ética

Para preparar a los estudiantes para la vida en un planeta compartido, la educación debe:

- **Desarrollar alfabetizaciones planetarias**: Marcos que ayudan a los aprendices a conectar las condiciones locales con los sistemas globales y a actuar con una perspectiva ecológica y ética.
- **Enfatizar el aprendizaje experiencial**: Estudios de caso, simulaciones y proyectos comunitarios que expongan a los estudiantes a complejidades y dilemas del mundo real.
- **Fomentar la empatía intercultural**: Oportunidades para interactuar directamente con comunidades diversas, cuestionar suposiciones y aprender a través de las diferencias.

- **Participar en el razonamiento ético**: Enseñar a los estudiantes a sopesar responsabilidades en conflicto, entre lo individual y lo colectivo, el presente y el futuro, lo humano y lo no humano.
- **Desarrollar habilidades colaborativas**: Trabajo en equipo interdisciplinario que refleja la naturaleza interconectada de los desafíos actuales.

La educación tradicional trata el conocimiento como contenido estático. El aprendizaje planetario es dinámico, inmersivo y relacional. Invita a los estudiantes a absorber información *y* a reconsiderar su lugar en el mundo y su responsabilidad hacia él.

El proyecto EVOKE, desarrollado por el Banco Mundial (2025, 5 de febrero) como un "curso intensivo para cambiar el mundo", ofrece una ilustración. Piloteado en África y América Latina, EVOKE sumerge a los estudiantes en narrativas, desafíos basados en juegos y misiones reales centradas en la seguridad alimentaria, la energía, el agua y la resiliencia ante desastres. A través de la simulación de roles y el pensamiento sistémico, los estudiantes abordan problemas locales mientras recurren a redes globales de conocimiento. El modelo posiciona a los estudiantes no como futuros profesionales en espera, sino como agentes presentes capaces de influir en resultados de relevancia global. Demuestra cómo la narrativa y el juego pueden cultivar empatía, innovación y responsabilidad cívica en diferentes contextos.

Aprender a resolver grandes desafíos globales cultiva la empatía, la imaginación y la capacidad de actuar. Esto cierra la brecha entre la conciencia y la acción, entre la experiencia local y el impacto planetario.

Desarrollar la ciudadanía planetaria requiere aprender a través de la diferencia. A medida que los estudiantes enfrentan cuestiones locales y globales, deben estar preparados para escuchar, cuestionar sus propias suposiciones y dialogar con personas cuyas perspectivas pueden desafiar las suyas. Esto exige estrategias intencionales, proactivas y preactivas para llevar el mundo al aula y el aula al mundo.

La *internacionalización* desempeña un papel fundamental en la construcción de una ciudadanía planetaria cuando se basa en la equidad y la reciprocidad.

Es la integración intencional de perspectivas globales, el compromiso intercultural y la colaboración internacional en la enseñanza, el aprendizaje y la práctica institucional. Cuando se realiza adecuadamente, va más allá de los intercambios simbólicos para preparar a los estudiantes a desenvolverse y contribuir en un mundo interconectado. Esto requiere incorporar profundamente las perspectivas globales en el currículo y la pedagogía, apoyadas por alianzas significativas, colaboración digital y aprendizaje multilingüe que fomenten la empatía, la comprensión cultural y la responsabilidad compartida frente a los desafíos globales (Laesk, 2015).

Para ser significativa, la internacionalización debe ir más allá de temas globales superficiales o asociaciones simbólicas. Debe integrar perspectivas globales en el diseño curricular, la pedagogía y las prioridades institucionales, asegurando que los estudiantes se involucren con problemas del mundo real desde múltiples enfoques culturales y geopolíticos. Cuando se fundamenta en la equidad y la reciprocidad, la internacionalización puede servir como un motor poderoso de transformación, permitiendo que los estudiantes conecten la agencia personal con el impacto global.

Esto comienza con la empatía. Las escuelas deben crear oportunidades para que los estudiantes se relacionen directamente con comunidades diversas, ya sea a través de asociaciones internacionales, intercambios virtuales o proyectos comunitarios que crucen límites culturales o socioeconómicos. Al fomentar la comprensión y el respeto por diferentes perspectivas, los estudiantes se convierten en colaboradores más capaces, aptos para abordar los desafíos globales de manera colectiva en lugar de hacerlo de forma aislada.

Fomentar la responsabilidad y la autonomía capacita a los estudiantes para actuar con decisión y confianza. La educación debe ayudar a los estudiantes a comprender sus derechos y deberes dentro de sistemas globales interconectados, mostrando cómo los intereses personales se relacionan con el bienestar de los demás. Los estudiantes desarrollan habilidades de razonamiento y juicio, preparándose para abordar cuestiones complejas como la distribución de recursos, los derechos humanos y la gestión ambiental con cuidado y eficacia.

La resolución colaborativa de problemas permite además que los estudiantes aborden los desafíos globales de manera práctica. Las escuelas deben priorizar proyectos interdisciplinarios, simulaciones y experiencias de aprendizaje basadas en problemas que requieran trabajo en equipo, negociación e integración de diversos puntos de vista. Estas experiencias enseñan a los estudiantes a gestionar las complejidades e incertidumbres inherentes a los problemas globales, preparándolos para crear soluciones sostenibles y equitativas.

LIDERAZGO VALIENTE PARA UN FUTURO COMPARTIDO

Preparar a los aprendices para un futuro planetario compartido requiere alinear la agencia individual con herramientas y responsabilidades colectivas. Los estudiantes necesitan marcos, relaciones y experiencias del mundo real que les ayuden a traducir la acción local en impacto global. Este cambio no ocurrirá por sí solo.

Se requiere un liderazgo valiente para ir más allá de métricas obsoletas y resultados a corto plazo. Exige claridad moral y disposición para actuar incluso cuando hacerlo es inconveniente o controvertido. Los líderes valientes hacen preguntas diferentes. *¿Para qué tipo de mundo estamos educando? ¿Quién falta en nuestra visión del futuro? ¿Qué verdades estamos evitando porque son difíciles de enseñar?* Escuchan cuando los estudiantes hablan sobre el miedo, la esperanza y la incertidumbre. Responden repensando prioridades, reasignando recursos y modelando la responsabilidad.

Este liderazgo rara vez es dramático. Se manifiesta en elecciones cotidianas: ralentizar un currículo saturado para dar espacio a la reflexión, cuestionar la financiación que socava los valores compartidos o invitar a conversaciones difíciles sobre equidad e impacto. Da prioridad a la confianza sobre el cumplimiento y a la responsabilidad sobre la conveniencia. Los líderes comprenden que lo que se normaliza en las aulas hoy define lo que será posible mañana (véase especialmente Fullan, 2018; Senge, 2006).

La ciudadanía planetaria no surgirá únicamente de planes de estudio revisados. Depende de cómo se lideran las instituciones y por qué. Un liderazgo valiente crea las condiciones para un aprendizaje más profundo, claridad ética y cuidado colectivo. Señala a los estudiantes que no están siendo preparados para adaptarse a un mundo roto, sino para repararlo y reimaginarlo.

La urgencia es real. También lo es la posibilidad. Si la educación responde con valentía y convicción, puede ayudar a la próxima generación a transmitir no solo conocimiento, sino también la capacidad de construir futuros en los que todos podamos prosperar.

19

El futuro pertenece a nerds, geeks, creadores, soñadores y *knowmads*

El futuro pertenece a individuos curiosos y apasionados que no temen asumir riesgos intelectuales, no a quienes son pasivamente obedientes y hábiles para seguir instrucciones. La movilidad social se impulsa mediante la creatividad, la innovación y la disposición a afrontar la incertidumbre, no mediante la conformidad. Quienes están mejor posicionados para el mañana son nerds, geeks, creadores, soñadores y knowmads: personas capacitadas para navegar la complejidad, explorar nuevas ideas y traducir el conocimiento en acciones significativas.

De *Manifesto 25*:

> ***El futuro pertenece a los nerds, geeks, creadores, soñadores y knowmads.*** *Aunque no todos serán ni deberían ser emprendedores, quienes no desarrollen habilidades emprendedoras estarán en una gran desventaja. Nuestros sistemas educativos deberían enfocarse en el desarrollo de* ***entreprenerds****: individuos que aprovechan su conocimiento especializado para soñar, crear, construir, explorar, aprender y promover iniciativas emprendedoras, culturales o sociales, asumiendo riesgos y disfrutando tanto del proceso como del resultado final, sin temer a los posibles fracasos o errores que el camino pueda incluir.*

Knowmads son individuos adaptables y creativos que aprenden, trabajan e innovan en contextos diversos, navegando libremente entre disciplinas, fronteras y estructuras organizacionales. Aprovechan la curiosidad, la resiliencia y la apertura a la incertidumbre, trazando caminos únicos mediante la exploración y la acción significativa.

Características de los trabajadores knowmads

Los knowmads según Moravec (2013) son:

1. No están restringidos a una edad específica;
2. Construyen su conocimiento personal mediante la recopilación explícita de información y experiencias tácitas, y aprovechan su conocimiento personal para producir nuevas ideas;
3. Son capaces de aplicar sus ideas y experiencia de manera contextual en diversas configuraciones sociales y organizacionales;
4. Están altamente motivados para colaborar y son conectores naturales, navegando nuevas organizaciones, culturas y sociedades;
5. Utilizan nuevas tecnologías de manera intencionada para ayudarles a resolver problemas y trascender limitaciones;
6. Están abiertos a compartir lo que saben e invitan y apoyan el acceso abierto a la información, el conocimiento y la experiencia de otros;
7. Pueden desaprender tan rápido como aprenden, adoptando nuevas ideas y prácticas según sea necesario;
8. Prosperan en redes y organizaciones no jerárquicas;
9. Desarrollan hábitos mentales y de práctica para aprender de manera continua; y,
10. No temen al fracaso.

Las organizaciones requieren cada vez más trabajadores adaptativos y diversos. En un mundo definido por el cambio acelerado, los trabajadores knowmads navegan, se adaptan y crean transformaciones de manera efectiva. Los roles estáticos rara vez generan nuevo valor o innovación. Las perspectivas diversas combinadas con la experiencia especializada permiten a los knowmads liderar, adaptarse y prosperar en medio de la incertidumbre.

Los knowmads van más allá de las organizaciones formales, estando presentes en todos los ámbitos de la vida. Distinguen entre sus empleos (roles laborales específicos) y su trabajo, las actividades personalmente significativas que persiguen a largo plazo. A diferencia de las carreras lineales definidas externamente, el trabajo knowmad evoluciona mediante la exploración autodirigida. Si las oportunidades de impacto significativo disminuyen, los knowmads avanzan, redefiniendo continuamente sus trayectorias profesionales y personales.

La mentalidad knowmad se alinea de manera natural con el concepto de *emprenerds*. Mientras los knowmads prosperan gracias a la adaptabilidad y la exploración interdisciplinaria, los emprenerds aprovechan específicamente el conocimiento especializado y la experiencia profunda para generar nuevo valor y resultados. Ambos comparten rasgos emprendedores como la curiosidad, la resiliencia y la adaptabilidad, pero los emprenerds enfatizan la experiencia profunda como base para llevar innovaciones a la realidad.

El emprendimiento implica más que iniciar empresas. Incluye pensamiento crítico, resolución de problemas, iniciativa, resiliencia y adaptabilidad—habilidades esenciales para tener éxito en un mundo en rápida evolución. Aunque no todos deberían ser emprendedores (ni todos querrían serlo), quienes carecen de estas competencias corren el riesgo de quedarse atrás, sin preparación para afrontar el cambio o aprovechar oportunidades. Por ello, las escuelas deben fomentar emprenerds, aprendices que combinan conocimiento especializado con mentalidad emprendedora. Impulsados por la curiosidad y la exploración, valoran tanto el proceso como los resultados finales. Ven los errores como esenciales para el crecimiento, no como retrocesos. Los emprenerds experimentan, iteran e innovan de manera continua, moldeando activamente el futuro.

Las escuelas deben pasar de modelos estandarizados que generan resultados predecibles a desarrollar cualidades emprendedoras en los estudiantes y nuevos resultados. La educación debe enfatizar el aprendizaje interdisciplinario, las tareas basadas en proyectos y los desafíos del mundo real. Las aulas deben fomentar la toma de riesgos y la experimentación en lugar de castigar los errores. Empoderar a los estudiantes para innovar y colaborar les ayuda a desarrollar la confianza y las habilidades necesarias para prosperar en un futuro impredecible.

Crear entornos donde los emprenerds prosperen requiere repensar las prácticas de evaluación. Las escuelas deben premiar la iniciativa, la creatividad y la resiliencia en lugar de la conformidad o la memorización. Currículos flexibles, proyectos dirigidos por estudiantes y alianzas con la comunidad ofrecen contextos auténticos para el desarrollo de habilidades emprendedoras.

Cinco formas de cultivar emprenerds en las escuelas

1. **Aprendizaje interdisciplinario basado en proyectos**: Integrar conocimientos de distintas disciplinas para diseñar soluciones a problemas reales de la comunidad, fomentando la especialización y la iniciativa emprendedora para resolver grandes desafíos.
2. **Laboratorios de innovación dirigidos por estudiantes**: Crear espacios donde los estudiantes experimenten, prototipen e iteren, aprendiendo resiliencia y adaptabilidad a través de la exploración práctica.
3. **Alianzas colaborativas con empresas locales**: Involucrar a los estudiantes con empresas, ONG y startups locales, aplicando conocimientos académicos y personales a desafíos reales mientras desarrollan habilidades emprendedoras.
4. **Evaluaciones que aceptan el error**: Diseñar evaluaciones que prioricen la experimentación creativa y el esfuerzo significativo por encima del éxito inmediato, normalizando la toma de riesgos.
5. **Experiencias knowmad**: Ofrecer pasantías, intercambios o colaboraciones virtuales a través de fronteras internacionales y disciplinas, desarrollando flexibilidad y capacidad de innovación.

Construir una sociedad knowmad requiere cambios transformadores a nivel personal, organizacional y de políticas. Las instituciones educativas deben alejarse de los currículos rígidos hacia experiencias de aprendizaje flexibles que empoderen a las personas para crecer mediante la exploración y el descubrimiento. Las empresas deben conformar equipos diversos que acepten la incertidumbre, cultivando un entorno donde la innovación surja naturalmente de la colaboración y la adaptabilidad. Los gobiernos deben confiar en los educadores, invertir de manera reflexiva y apoyar fuerzas laborales dinámicas mediante políticas sociales sólidas. A nivel individual, la autoevaluación continua y el aprendizaje permanente se vuelven esenciales, permitiendo a las personas mantenerse ágiles y preparadas para oportunidades imprevistas.

En última instancia, fomentar emprenerds requiere repensar las prioridades y evaluaciones educativas. Premiar la creatividad, la iniciativa y la resiliencia permite a los estudiantes practicar habilidades emprendedoras de manera auténtica. El futuro no pertenece a quienes temen al fracaso, sino a quienes encuentran alegría en explorar lo desconocido (Dweck, 2006; Kapur, 2016). Los emprenerds—nerds, geeks, makers, soñadores y knowmads—darán forma al mañana, aportando conocimiento especializado a nivel individual y valentía creativa para superar los desafíos emergentes.

20
La realidad no es opcional

En Estados Unidos y en otros lugares, estamos presenciando un retroceso deliberado respecto a la verdad empírica. Más allá de la retórica, el giro actual hacia el desmantelamiento de agencias gubernamentales —en particular aquellas centradas en la salud pública, la ciencia ambiental y la supervisión— representa un ataque estructural a la información objetiva. Cuando la infraestructura para recopilar datos se desfinancia o se disuelve, los «hechos» dejan de existir en el registro público. Este silenciamiento estratégico crea un vacío donde la rendición de cuentas desaparece y la sociedad queda sin la base común necesaria para el pensamiento crítico y la acción colectiva.

Manifesto 25 advierte que ignorar nuestra realidad compartida invita al caos: sin información confiable, la sociedad pierde el terreno común para el pensamiento crítico y la colaboración. Estas medidas generalizadas erosionan la confianza pública y amenazan la base empírica de la que depende la educación, permitiendo que prosperen las distorsiones y la evasión de la rendición de cuentas.

De *Manifesto 25*:

> ***La realidad no es opcional.*** *Ignorar nuestra realidad compartida es un colapso hacia el caos. El posmodernismo transformado en un arma, donde los hechos se distorsionan y la responsabilidad se evade, amenaza los cimientos de la educación y de la sociedad misma. Las realidades compartidas no son opcionales; sin ellas, el pensamiento crítico falla, la confianza se desvanece y la colaboración se vuelve imposible. La educación debe enfrentar las distorsiones de manera directa, basándose en la evidencia empírica mientras libera nuestra imaginación para resolver nuevos desafíos. Para construir un futuro sostenible, los aprendices deben estar preparados para cuestionar las distorsiones, rechazar la evasión de responsabilidades y navegar la complejidad con valentía intelectual.*

LA GUERRA CONTRA LA REALIDAD

La realidad está siendo atacada en múltiples frentes, ya que la desinformación orquestada socava la confianza pública y distorsiona nuestra capacidad colectiva para comprender o comunicarnos (Vosoughi, Roy & Aral, 2018). La administración actual en los Estados Unidos (a marzo de 2026) ha desmantelado o desfinanciado apresuradamente agencias esenciales, interfiriendo con la recolección de datos y la investigación en campos que van desde la salud pública hasta la ciencia ambiental. Esta tergiversación calculada y deliberada ejemplifica el posmodernismo instrumentalizado, donde los hechos verificables se distorsionan, las verdades esenciales se vacían de significado y la rendición de cuentas se vuelve imposible. La consecuencia inmediata es un público que queda incierto sobre qué fuentes confiar, pero la víctima más profunda es el propio sistema educativo. Sin información confiable y puntos de referencia compartidos, las escuelas no pueden cultivar aprendices informados y críticos, dejando a la sociedad vulnerable a la manipulación y el control.

Posmodernismo instrumentalizado

El posmodernismo instrumentalizado es la distorsión deliberada de los hechos y la erosión de la realidad compartida para socavar el pensamiento crítico, disolver la rendición de cuentas y crear una sociedad más susceptible a la manipulación por parte de un poder. Mientras que el posmodernismo clásico cuestiona las verdades absolutas y examina el papel del poder en la construcción del conocimiento, el posmodernismo instrumentalizado explota estas ideas para difundir desinformación, desacreditar la experiencia y difuminar la distinción entre hecho y ficción. Al inundar el discurso público con narrativas contradictorias y dudas fabricadas, los actores de mala fe pueden erosionar la confianza en las instituciones, facilitando el control de la percepción pública y suprimiendo la disidencia. (Nota: Esta definición está inspirada en Lee McIntyre, 2018.)

Cuando los movimientos autoritarios buscan controlar la sociedad, uno de sus primeros campos de batalla es el sistema educativo. Las campañas de desinformación apuntan a las escuelas porque eliminar el pensamiento crítico en una etapa temprana debilita la resistencia futura y asegura que la propaganda pueda difundirse sin oposición. Esto es un ataque que va más allá del conocimiento; afecta a la estabilidad misma de la sociedad. Una vez que se erosiona la verdad compartida, la polarización se profundiza, la confianza pública colapsa y las instituciones se fracturan bajo el peso de realidades en competencia. El caos no es una consecuencia abstracta; se manifiesta como una sociedad incapaz de resolver problemas, gobernar eficazmente o unirse en torno incluso a los hechos más básicos; una sociedad que depende del autoritarismo de manera perpetua.

Al sembrar dudas sobre la evidencia empírica, estas campañas desacreditan a los docentes, reescriben narrativas históricas y suprimen el consenso revisado por pares dentro de las aulas. Los estudiantes quedan luchando por navegar entre afirmaciones contradictorias, mientras que los educadores enfrentan una hostilidad creciente por defender el conocimiento factual. En este clima de duda fabricada, el posmodernismo instrumentalizado se afianza: las líneas divisorias entre hechos, opiniones y mentiras flagrantes se difuminan. El papel de la educación en la formación de ciudadanos informados y conscientes se derrumba. Al atacar tanto a las instituciones del conocimiento como a quienes las sostienen, la desinformación erosiona la democracia y la propia capacidad de una sociedad para reconocer la realidad.

Surgen patrones similares en todo el mundo, donde líderes autocráticos explotan campañas rápidas de desinformación para afianzar el poder. Al atacar y desmantelar las instituciones responsables de recopilar y difundir información factual, estos regímenes eliminan el escrutinio y fomentan cámaras de eco de narrativas distorsionadas. Las democracias que dependen de la transparencia y el diálogo abierto no siempre pueden responder con suficiente rapidez, y la participación cívica se desmorona como resultado. Esta ruptura de la realidad compartida se amplifica aún más por los canales digitales, socavando la gobernanza local y la cooperación internacional en cuestiones urgentes como el cambio climático, la salud global y la estabilidad económica. En este entorno, la educación se encuentra en una posición precaria: sin una base factual, las escuelas no pueden fomentar el pensamiento crítico ni dotar a los aprendices del coraje intelectual necesario para navegar la complejidad. Una sociedad a la deriva en la conspiración y la desconfianza no puede enseñar eficazmente a su juventud, abordar problemas urgentes, coordinar soluciones globales ni unirse en torno a objetivos compartidos.

LA COMPLICIDAD DE LAS BIG TECH

El auge de la propaganda generada por IA ha intensificado aún más esta crisis, haciendo que los métodos tradicionales de verificación de hechos resulten insuficientes. Videos deepfake, artículos de noticias generados por IA y campañas automatizadas de desinformación pueden ahora fabricar eventos, distorsionar registros históricos y manipular la percepción pública con una velocidad alarmante y un realismo simulado (UNESCO, 2025; Foro Económico Mundial, 2024). Las escuelas deben evolucionar más rápido que estas amenazas, enseñando alfabetización mediática avanzada y habilidades de verificación digital como una competencia central, no como un complemento opcional. Esto implica capacitar a los estudiantes para analizar metadatos, buscar imágenes inversamente, reconocer patrones generados por IA en textos y utilizar habilidades y herramientas para verificar fuentes. Sin estas habilidades, incluso los aprendices más críticos corren el riesgo de ser superados por tecnologías diseñadas para engañar. El sistema educativo ya no puede confiar en los métodos tradicionales de análisis mediático. El sistema debe preparar a los estudiantes para navegar un mundo donde la línea entre la realidad y la fabricación es cada vez más difícil de discernir, y en el que la realidad fabricada puede ser utilizada en su contra.

Hasta hace poco, internet era visto como el gran igualador: una herramienta para democratizar el conocimiento, ampliar el acceso a la educación y fomentar la colaboración global. Pero lo que alguna vez fue anunciado como una revolución para la verdad ha sido instrumentalizado como un instrumento de control. Las mismas plataformas que prometieron unir al mundo ahora se utilizan para acelerar su fragmentación, inundando el discurso con desinformación mientras silencian a quienes la desafían.

La crisis de la desinformación está impulsada por la búsqueda de ganancias. Las plataformas de redes sociales y los gigantes tecnológicos han diseñado sistemas que no recompensan la verdad. Recompensan lo que mantenga a los usuarios enganchados, ya sean teorías conspirativas, retórica extremista o propaganda generada por IA. Las consecuencias de esto van mucho más allá de la desinformación individual. Cuando las falsedades se propagan a velocidad algorítmica, la realidad misma se fractura. Las sociedades quedan atrapadas en versiones paralelas y opuestas de la verdad, haciendo imposible la resolución colectiva de problemas. El cambio climático, las crisis de salud pública e incluso la democracia misma se convierten en problemas irresolubles cuando la realidad compartida es reemplazada por delirios optimizados por IA.

La crisis se agrava cuando los líderes de las empresas Big Tech se alinean con figuras autoritarias, moldeando el discurso digital para servir a agendas políticas. A medida que Trump y sus aliados consolidan el poder, muchas de las figuras más influyentes de Silicon Valley han abandonado incluso la apariencia de neutralidad, eligiendo en cambio complacer a los hombres fuertes políticos a cambio de desregulación, exenciones fiscales e influencia. Las plataformas de redes sociales han demostrado durante mucho tiempo una aplicación selectiva de políticas, permitiendo, por ejemplo, que la desinformación y la propaganda de quienes están en el poder se difundan sin control. Esto es una traición al papel fundamental que la tecnología debía desempeñar en una sociedad abierta. Pero si internet alguna vez fue una herramienta para el conocimiento y la colaboración, puede recuperarse como tal de nuevo... si tomamos medidas decisivas.

LAS ESCUELAS SON LA PRIMERA LÍNEA DE LA VERDAD

La educación debe situarse a la vanguardia de la lucha contra las distorsiones sistemáticas porque moldea las habilidades y valores fundamentales que los jóvenes llevan a la adultez. Las escuelas imparten hechos, pero también preparan a los estudiantes para navegar un mundo en rápida transformación. Cuando los educadores ignoran o minimizan la desinformación, fallan en su responsabilidad de cultivar ciudadanos informados y reflexivos. Una sociedad que no prepara a su juventud para discernir la verdad de la manipulación corre el riesgo de perder su capacidad para enfrentar los desafíos futuros con claridad y unidad. Un currículo sólido depende de información de calidad respaldada por evidencia verificable y empírica. Las ciencias, las matemáticas (especialmente la estadística) y las humanidades ofrecen oportunidades para que los estudiantes practiquen el pensamiento crítico y distingan fuentes creíbles de la desinformación. Sin embargo, el contenido académico por sí solo no es suficiente. Los estudiantes también deben desarrollar un marco ético que les ayude a comprender las consecuencias reales de difundir falsedades.

Esto es especialmente urgente en un mundo donde los canales oficiales pueden perpetuar narrativas engañosas. Aprender a diferenciar entre experiencia válida y afirmaciones infundadas, ya provengan de influencers en redes sociales, campañas de relaciones públicas corporativas o líderes políticos, es una habilidad cívica vital. Los debates estructurados, los proyectos de investigación y la resolución colaborativa de problemas enseñan a los aprendices a analizar argumentos, contrastar fuentes y refinar sus perspectivas basándose en la evidencia. Pero la instrucción formal es solo parte de la solución. El juego libre (exploración abierta y no estructurada) fomenta la curiosidad, la adaptabilidad y la confianza para cuestionar supuestos. Cuando los estudiantes participan en la resolución de problemas no guionizada, la experimentación y la expresión creativa, desarrollan la flexibilidad cognitiva necesaria para desafiar la desinformación y pensar de manera independiente. Las aulas deben servir como incubadoras de la indagación razonada, donde se anime a los estudiantes a hacer preguntas difíciles, evaluar puntos de vista diversos y ajustar su pensamiento en respuesta a nueva información. Al fomentar la curiosidad intelectual y la resiliencia, la educación se convierte en una poderosa defensa contra la manipulación y en la base para la participación democrática.

Para construir un futuro sostenible, los aprendices necesitan mucho más que el conocimiento mecánico de hechos o teorías; requieren la fortaleza para cuestionar la autoridad de manera constructiva y la determinación para mantener la integridad intelectual frente a realidades distorsionadas. Un entorno educativo que valora el coraje intelectual anima a los estudiantes a sopesar los méritos de ideas en competencia en lugar de aceptarlas superficialmente. A través de la exposición a puntos de vista conflictivos y la orientación sobre cómo juzgarlos críticamente, las escuelas fomentan los hábitos de curiosidad, discernimiento y empatía necesarios para la resolución de problemas globales. Al asumir esta responsabilidad, la educación defiende la realidad frente a quienes la niegan, y también empodera a la próxima generación para defender la verdad, promover la rendición de cuentas y trazar un camino hacia una sociedad más equitativa e informada.

SEIS FORMAS DE PROTEGER LA VERDAD MEDIANTE UNA REBELIÓN POSITIVA

Las escuelas a menudo enfrentan directrices estrictas y autonomía limitada, lo que dificulta contrarrestar abiertamente la desinformación. No obstante, educadores, padres y estudiantes pueden participar en actos de rebelión positiva: esfuerzos pequeños pero significativos para mantener realidades compartidas y fortalecer el pensamiento crítico, incluso bajo condiciones restrictivas.

REBELIÓN POSITIVA

*La **rebelión positiva** es el acto de resistir la desinformación, la censura y las distorsiones ideológicas en la educación mediante acciones éticas, estratégicas y colectivas. No busca el caos ni la desobediencia por sí misma, sino que defiende la verdad, el pensamiento crítico y la integridad académica frente a la manipulación política. La rebelión positiva puede adoptar muchas formas: compartir recursos basados en hechos, formar coaliciones para proteger planes de estudio fundamentados en la evidencia, desafiar la desinformación en foros públicos o crear espacios educativos alternativos cuando las instituciones formales fallan. Es un compromiso con la defensa de la realidad, no mediante la fuerza, sino a través del conocimiento, la colaboración y un coraje intelectual inquebrantable.*

Dada la gravedad de la amenaza, aquí se presentan acciones que educadores y comunidades pueden tomar para dar pasos significativos incluso en los entornos más restrictivos:

1. Construir coaliciones dentro del sistema para salvaguardar la verdad.

En entornos restrictivos, los educadores se necesitan mutuamente para mantener la realidad visible. Este trabajo comienza con redes pequeñas y cuidadosas que comparten materiales confiables, comparan planes de clase y ayudan a los estudiantes a acceder a conocimientos que han sido ocultados. Los docentes se reúnen fuera del horario escolar, intercambian listas de lecturas y crean espacios paralelos donde la evidencia aún importa. Estos esfuerzos no parecen heroicos desde fuera. Parecen colegas protegiéndose entre sí y protegiendo a sus estudiantes. Sin embargo, mantienen vivos los hechos cuando las instituciones intentan apartarlos.

2. Aprovechar la curiosidad y la iniciativa estudiantil como defensores del aprendizaje basado en hechos

Los estudiantes no son receptores pasivos de la educación. Son los actores más directos en la lucha por la verdad. Las escuelas deben apoyar organizaciones estudiantiles que investiguen la desinformación, desafíen distorsiones curriculares y exijan transparencia a los administradores. Los estudiantes de secundaria pueden documentar intentos de censura, exponer cambios curriculares motivados políticamente y utilizar redes sociales para difundir recursos basados en hechos. Este movimiento debe ir más allá de pequeños clubes de discusión y convertirse en un esfuerzo coordinado para resistir la desinformación educativa en su origen.

3. Construir centros comunitarios y alianzas.
Cuando la educación formal se ve comprometida, las instituciones externas deben intervenir. Bibliotecas, universidades, organizaciones sin fines de lucro y espacios de aprendizaje independientes pueden ofrecer aprendizaje basado en hechos mediante talleres, conferencias públicas y recursos de acceso abierto. A medida que se desmantelan agencias gubernamentales de investigación, las universidades deben asumir un papel más relevante en la preservación y difusión del conocimiento confiable. Las escuelas pueden conectar discretamente a estudiantes y familias con estas fuentes confiables, asegurando que las comunidades permanezcan informadas incluso cuando los canales oficiales fallan. Este intercambio debe ser bidireccional: las universidades pueden actuar como curadoras y guardianas del conocimiento, mientras que las escuelas locales se convierten en difusoras del saber. Las escuelas pueden integrar la investigación universitaria en sus planes de estudio y distribuir hallazgos científicos confiables a través de sus actividades. Asimismo, las universidades deben establecer redes de respuesta rápida para atender los problemas emergentes de las escuelas, asegurando que los estudiantes tengan acceso directo a expertos en lugar de depender de narrativas mediáticas politizadas. Al fomentar esta relación recíproca, universidades y escuelas crean juntas una defensa descentralizada y comunitaria contra la desinformación.

4. Integrar el pensamiento crítico y la alfabetización mediática en todo el currículo.
La alfabetización mediática no puede ser una asignatura optativa aislada que pueda eliminarse o politizarse fácilmente. Debe estar integrada en todas las materias. La historia debe analizar la propaganda y el revisionismo. La ciencia

debe enfatizar la diferencia entre la investigación revisada por pares y la pseudociencia. Las matemáticas deben enseñar sobre la manipulación estadística y el sesgo de datos. Cuando la verificación de hechos y el análisis crítico se integran en todas las disciplinas, los estudiantes desarrollan una resistencia instintiva a la desinformación en lugar de verla como una habilidad abstracta.

5. Modelar el coraje intelectual y la rendición de cuentas.
Los educadores deben establecer el estándar de coraje intelectual al negarse a tratar las falsedades como iguales a los hechos. Esto no necesariamente implica actos de abierta desobediencia. Puede ser tan sutil como cuestionar afirmaciones engañosas, reforzar la importancia de la integridad académica y utilizar el método socrático para guiar a los estudiantes hacia la verdad. Cuando sea posible, los educadores deben documentar públicamente los intentos de censura, abogar por políticas que protejan los planes de estudio basados en la evidencia y crear espacios seguros donde los estudiantes puedan interactuar críticamente con información real. Incluso en entornos restrictivos, demostrar un compromiso inquebrantable con la verdad envía un mensaje poderoso: la educación sirve a la realidad, no a la conveniencia política.

6. Liderar una rebelión positiva contra la politización de la educación.
La desinformación prospera cuando la oposición está desorganizada y en silencio. Educadores, estudiantes y padres deben actuar colectivamente para contrarrestar las distorsiones motivadas políticamente. Esto implica confrontar a los consejos escolares, exponer la interferencia ideológica en el currículo y aprovechar la cobertura mediática para exigir rendición de cuentas. La resistencia debe intensificarse cuando sea necesario, por ejemplo, mediante demandas contra políticas de censura, huelgas de docentes, marchas estudiantiles y la creación de redes educativas independientes que operen fuera de la influencia estatal. Si la educación pública es instrumentalizada para servir a una ideología, nuestro enfoque debe orientarse a recuperarla y reconstruirla.

La lucha por la verdad en la educación debe centrarse en defender el futuro. Cuando la desinformación penetra en las escuelas, educadores y estudiantes no son simplemente víctimas de la manipulación; son la última línea de defensa. Permanecer en silencio ante las distorsiones políticas equivale a rendir la realidad misma.

Al practicar estas formas de desafío constructivo, las escuelas pueden resistir la propagación del posmodernismo instrumentalizado desde dentro. El objetivo no es romper reglas ni crear espectáculo, sino defender el principio de que la realidad debe seguir siendo la base de toda educación significativa. Con el tiempo, estos esfuerzos pueden transformar la cultura institucional hacia una que valore la evidencia, fomente el pensamiento crítico y proteja nuestro sentido colectivo de lo real, incluso en una era de desinformación generalizada.

SI LAS ESCUELAS FALLAN, LAS COMUNIDADES DEBEN INTERVENIR

Si el sistema de educación pública continúa siendo socavado y la confianza en las instituciones formales se erosiona irreparablemente, es posible que las comunidades no tengan otra opción que organizar la educación fuera del sistema tradicional. Aunque esto pueda parecer una rendición, en realidad es un acto de resistencia. Garantiza que la verdad, el pensamiento crítico y el aprendizaje basado en la evidencia no desaparezcan por completo. Las iniciativas educativas lideradas por la comunidad, las cooperativas de aprendizaje independientes y las redes descentralizadas y no formales de educadores pueden intervenir donde las escuelas públicas se debilitan, proporcionando a los estudiantes acceso a conocimientos confiables y desarrollo intelectual libre de interferencia política. Bibliotecas, organizaciones locales e incluso plataformas digitales pueden servir como centros alternativos de aprendizaje, creando estructuras paralelas que salvaguarden la educación basada en hechos.

Sin embargo, debemos reconocer que reemplazar por completo la educación pública podría reforzar el objetivo de una administración hostil de erosionar la confianza en las instituciones compartidas, por lo que este enfoque debería considerarse un último recurso y no una alternativa inmediata. La prioridad debe seguir siendo luchar por la integridad del sistema existente, presionar a los gobiernos locales, movilizar a los educadores y abogar por políticas que refuercen el papel de la educación en la democracia. Pero si las escuelas tradicionales se vuelven totalmente ineficaces o están comprometidas, las comunidades de educadores y aprendices deben estar preparadas para intervenir y recuperar la educación para sí mismas, asegurando que las futuras generaciones sigan teniendo las herramientas para buscar la verdad, pensar críticamente y exigir rendición de cuentas al poder.

RECUPERAR LOS ESPACIOS DIGITALES PARA LA VERDAD

La rebelión contra la desinformación está ocurriendo en línea, en tiempo real. Los estudiantes pasan horas consumiendo redes sociales, interactuando con contenido curado por algoritmos que premian el sensacionalismo por encima de la precisión. Internet se construyó sobre la promesa de compartir el conocimiento. Si ha sido instrumentalizado como arma, debe ser recuperado. Y queda poco tiempo. La propaganda generada por IA avanza a un ritmo sin precedentes. Pronto, eventos noticiosos completos, grabaciones de video y registros históricos serán indistinguibles de la verdad (Guan, Horan & Zhan, 2025). Esto significa que los estudiantes deben aprender a reconocer el engaño digital y a oponerse activamente a él. Sin esta capacidad, corremos el riesgo de un futuro en el que nadie pueda verificar qué es real, haciendo que la verdad misma sea irrelevante.

Educadores y estudiantes deben asumir un papel activo en transformar los espacios digitales en foros para la verdad, en lugar de plataformas para el engaño. Esto requiere un cambio en la manera en que abordamos la alfabetización mediática, no como una defensa pasiva, sino como una estrategia ofensiva. Las escuelas deben ir más allá de enseñar a los estudiantes a identificar noticias falsas y, en cambio, capacitarlos para confrontar la desinformación donde se propaga, interrumpir narrativas dañinas y convertirse en primeros respondedores digitales en defensa de la verdad.

Los educadores pueden integrar ejercicios de verificación de hechos del mundo real en las tareas, alentando a los estudiantes a investigar afirmaciones virales, analizar medios manipulados y publicar sus hallazgos. Equipos de verificación de hechos dirigidos por estudiantes, inspirados en el periodismo de investigación, pueden capacitar a los aprendices en el uso de búsquedas inversas de imágenes, herramientas de detección de IA y técnicas de verificación de datos, dotándolos de las habilidades necesarias para contrarrestar el contenido fabricado.

Las escuelas también deberían incorporar campañas contra la desinformación como parte del aprendizaje basado en proyectos. En lugar de simplemente consumir y criticar información, los estudiantes deben estar facultados para producir y difundir contenido basado en hechos, ya sea a través de blogs, publicaciones en redes sociales o videos explicativos que desmientan mitos en tiempo real. Aprovechando su propia fluidez digital, los estudiantes pueden convertirse en participantes activos en la lucha por la realidad, en lugar de consumidores pasivos de desinformación impulsada por algoritmos.

Quizás lo más importante es que los educadores deben crear espacios seguros para el activismo digital. Los estudiantes que desafían la desinformación a menudo enfrentan represalias, acoso e intentos de silenciarlos. Las escuelas deben ofrecer espacios estructurados para la resiliencia digital, la responsabilidad ética y la carga psicológica de las batallas contra la desinformación en línea. Así como los activistas son formados en resistencia civil, los estudiantes deben ser preparados para navegar los espacios digitales con valentía y estrategia.

LA LUCHA POR LA EDUCACIÓN ES UNA LUCHA POR LA DEMOCRACIA

Cambios repentinos hacia el poder autoritario son recordatorios contundentes de que las fuerzas políticas pueden revertir lo que antes parecía estable. Los hechos pueden convertirse en víctimas en las luchas de poder, y sociedades enteras pueden quedar atrapadas en ciclos de desinformación. La decencia humana y los principios democráticos nos exigen abordar estas amenazas sin recurrir a las mismas tácticas manipuladoras. En cambio, debemos reafirmar que la realidad compartida es la base de todo progreso significativo.

Defender a las escuelas de la desinformación no es suficiente. Si la educación permanece reactiva, contrarrestando falsedades a medida que aparecen, el ciclo de manipulación continuará. El verdadero desafío no se centra únicamente en combatir la propaganda, sino en asegurar que el propio sistema educativo esté diseñado para ser resistente a ella desde el principio. Esto requiere repensar cómo enseñamos la verdad, cómo construimos resiliencia frente a la desinformación y cómo estructuramos entornos de aprendizaje que no puedan ser fácilmente cooptados por agendas políticas.

Un sistema educativo verdaderamente resistente a la propaganda debe dotar a los aprendices de la autodefensa intelectual necesaria para reconocer la manipulación antes de que se arraigue. Esto significa priorizar la educación metacognitiva y epistémica (es decir, saber lo que no sabemos y cómo sabemos lo que sabemos) junto con las materias tradicionales; no solo enseñar "los hechos". Significa incorporar la alfabetización mediática y la formación en sesgos cognitivos en todos los niveles educativos, no como un complemento, sino como un componente central de cada disciplina. Requiere autonomía docente para desafiar la desinformación sin temor a represalias políticas, protecciones sólidas para la integridad académica y políticas educativas que resguarden los planes de estudio de la interferencia ideológica.

Sin estos cambios sistémicos, la educación siempre será vulnerable a la próxima ola de desinformación. El objetivo no debe limitarse a resistir la propaganda, sino crear generaciones de aprendices que sean fundamentalmente inmunes a ella.

La educación siempre ha dado forma al futuro, pero nunca antes había determinado si el propio futuro permanecerá anclado en la realidad. Ya no se trata de qué deben aprender los estudiantes. La pregunta es si la verdad continuará existiendo en el ámbito público. Si permitimos que la desinformación eche raíces en las aulas, renunciamos a la capacidad de resolver desafíos globales, defender los derechos humanos y proteger la gobernanza democrática.

Educadores, responsables políticos y la sociedad civil en general tienen el deber de proteger y fortalecer esa realidad compartida. Debemos insistir en la verdad verificable como piedra angular del conocimiento, incluso frente a campañas organizadas para desacreditarla. Si ignoramos la realidad, la alternativa es el caos.

21
El planeta perdido

La jornada escolar comienza con un ritmo familiar. Los estudiantes pasan de hojas de ejercicios a pizarras mientras los bosques arden y los ríos se encogen afuera. Los niños memorizan las partes de una hoja mientras los árboles que las producían desaparecen. Las rutinas escolares continúan, sin darse cuenta (o sin querer reconocer) que el mundo más allá del aula se está desmoronando.

La educación moderna todavía refleja los sistemas industriales que ayudaron a producir esta crisis: extractivos, jerárquicos y estandarizados. Las escuelas preparan a los estudiantes para el mundo que causó el colapso, no para el que debe surgir después de él.

De *Manifesto 25*:

> ***Una educación que ignora el planeta es una educación sin futuro.*** *Con la catástrofe climática acechando, cualquier currículum que descuide la responsabilidad ambiental es tanto deficiente como irresponsable. La educación debe moldear activamente el futuro de los estudiantes y el mundo que los rodea. Los aprendices no deberían estudiar el medio ambiente de manera pasiva; deben ser empoderados como co-creadores de soluciones y guardianes activos del planeta. Al dotar a los estudiantes de habilidades orientadas al futuro y autonomía para abordar grandes desafíos, e integrar alfabetizaciones centradas en el planeta dentro de un proceso de aprendizaje dinámico y flexible, fomentamos la innovación*

y una conexión personal con la sustentabilidad que inspira un impacto duradero.

El colapso climático es la realidad definitoria de nuestro tiempo, a nivel global (IPCC, 2023). La tarea que tenemos por delante es reinventar la educación para que la sostenibilidad y el cuidado del planeta no sean lecciones secundarias, sino fundamentos de cómo aprendemos, enseñamos y vivimos.

La responsabilidad ambiental (cuidar el planeta) es un buen punto de partida, pero debemos ir más allá. La Tierra continuará durante miles de millones de años, pero la vida humana en ella no lo hará...*a menos que cambiemos de rumbo.*

Los aprendices de hoy deben estar empoderados para abordar las causas de la crisis, yendo más allá de la adaptación. Esto exige una educación que los vea no como futuros trabajadores o consumidores, sino como ciudadanos planetarios, individuos con la visión, la agencia y la responsabilidad de ayudar a construir un futuro habitable.

EDUCAR MÁS ALLÁ DE LA CONCIENCIA CLIMÁTICA

Las escuelas han enseñado contenidos ambientales durante décadas. Los carteles explican el ciclo del agua. El Día de la Tierra se celebra una vez al año. Los estudiantes separan reciclaje o construyen hornos solares. Con demasiada frecuencia, la educación se detiene en la concienciación. Se nombran los problemas sin ofrecer caminos para la acción. Se describen las consecuencias sin herramientas para responder. El resultado es familiaridad sin poder: estudiantes que comprenden la crisis pero se sienten incapaces de influir en ella.

La responsabilidad ambiental comienza donde termina la concienciación. Surge cuando los aprendices son invitados a participar en—*y a moldear*—el mundo.

El empoderamiento real significa que los estudiantes se ven a sí mismos como agentes de cambio, no como receptores pasivos de información. Aquí es donde convergen la agencia y la autoeficacia (Bandura, 1997). La agencia ofrece una elección real. La autoeficacia proporciona la confianza de que esas elecciones importan. Cuando el aprendizaje se conecta directamente con los desafíos vividos, la educación se convierte en una respuesta intencionada al mundo.

Los consejos de sostenibilidad liderados por jóvenes son un ejemplo. En muchas ciudades, los estudiantes auditan el uso de energía en las escuelas, rediseñan sistemas de residuos y presentan propuestas a administradores y funcionarios locales. Cuando los consejos tienen autoridad definida, sus recomendaciones han influido en presupuestos y prácticas operativas. Estos estudiantes hacen más que ensayar la participación cívica: vinculan el análisis con la acción y la reflexión. Esto es *praxis*.

Los proyectos de mapeo comunitario ofrecen otro modelo. Los estudiantes documentan la calidad del aire, el acceso a alimentos o los espacios verdes en sus vecindarios utilizando herramientas abiertas y una indagación guiada. Al producir datos que antes no existían, los estudiantes se ubican dentro de sistemas vivos y reconocen su capacidad para influir en ellos.

Muchos de los esfuerzos más impactantes ocurren fuera del aula formal. Los clubes ambientales se asocian con granjas locales. Los adolescentes diseñan aplicaciones para rastrear la migración de aves. Los jóvenes organizan jornadas educativas sobre el clima o proyectos de arte público para inspirar el cambio. Estos espacios informales y no formales a menudo fomentan la responsabilidad ambiental más que cualquier unidad de libro de texto. Prosperan porque son impulsados por los propios estudiantes, están conectados con el territorio y se fundamentan en el cuidado.

El empoderamiento es una práctica. Cuando la educación apoya a los estudiantes para que actúen de manera significativa en sus comunidades, construye hábitos duraderos de compromiso. Y a medida que esos hábitos crecen, también lo hace la capacidad de pensar más allá del individuo y actuar en nombre del colectivo, del futuro y del propio planeta.

ALFABETIZACIONES PLANETARIAS PARA UN FUTURO HABITABLE

Para responder de manera significativa a un colapso ecológico emergente, los estudiantes necesitan más que conjuntos de información; requieren nuevas formas de percibir, imaginar y participar. Las alfabetizaciones planetarias ofrecen una base para comprender la complejidad, anticipar el cambio y construir futuros más habitables con cuidado y claridad. No son materias que se añaden al currículo, sino lentes que reformulan cómo ocurre todo el aprendizaje.

Tres alfabetizaciones fundamentales ayudan a los estudiantes a navegar este momento: alfabetización ecológica, alfabetización de futuros y pensamiento sistémico (OCDE, 2018).

1. Alfabetización ecológica

Alfabetización ecológica fundamenta el aprendizaje en los patrones del mundo vivo. Invita a los estudiantes a explorar la interdependencia, la resiliencia, la biodiversidad y los límites como condiciones de la vida. Los estudiantes con alfabetización ecológica comprenden cómo el agua circula en una cuenca, cómo los bosques regulan el clima y cómo los desechos se convierten en nutrientes en ecosistemas saludables. Esta alfabetización cultiva la reverencia junto al conocimiento. Enseña que los seres humanos no están separados de la naturaleza, sino que forman parte de ella.

2. Alfabetización de futuros

Alfabetización de futuros, como promueve la UNESCO (2019), desarrolla la capacidad de imaginar y prepararse para muchos futuros posibles. Forma a los estudiantes para cuestionar supuestos, anticipar consecuencias y ampliar su sentido de lo posible. El objetivo es desarrollar estrategias para explorar alternativas y navegar la incertidumbre con creatividad. Los estudiantes alfabetizados en futuros no preguntan: "¿Qué nos sucederá?" Preguntan: "¿Qué podríamos hacer para ayudar a formar futuros preferidos, juntos?"

3. Pensamiento sistémico

Pensamiento sistémico ayuda a los estudiantes a percibir los bucles, capas y dinámicas de retroalimentación de los sistemas complejos, sean ecológicos, sociales o tecnológicos. Enseña que los problemas rara vez son lineales, que las causas y consecuencias suelen estar distantes en el tiempo y el espacio, y que el cambio en una parte de un sistema puede repercutir en el conjunto. Con esta alfabetización, los estudiantes aprenden a conectar puntos entre disciplinas y escalas, a ver patrones y a diseñar intervenciones más reflexivas.

Estas alfabetizaciones ya se reflejan en marcos globales. El proyecto *Future of education and skills 2030* de la OCDE (2018) enfatiza el pensamiento sistémico y la anticipación como competencias clave para navegar la complejidad. El informe *Reimagining our futures together* de la UNESCO (2021) insta a las escuelas a preparar a los estudiantes para la transformación ecológica y la imaginación cívica. *Manifesto 25* llama a desarrollar "habilidades preparadas para el futuro" que combinen la agencia personal con la responsabilidad colectiva, una expresión más amplia de las alfabetizaciones planetarias.

Lo que une estos enfoques es la perspectiva más que el contenido. Una clase de matemáticas podría modelar bucles de retroalimentación climática. Un seminario de literatura podría explorar la ficción especulativa como herramienta para imaginar futuros diferentes. Una unidad de historia podría rastrear cómo los sistemas energéticos industriales dieron forma a la desigualdad moderna. A través de las materias, las alfabetizaciones planetarias conectan el aprendizaje con la vida.

Para aprender por un futuro habitable, la educación debe cultivar mentes capaces de pensar a través de fronteras, imaginar más allá de la crisis y actuar con cuidado en un mundo frágil e interdependiente.

PEDAGOGÍAS REGENERATIVAS

No podemos enseñar para un planeta vivo con pedagogías muertas. Si queremos preparar a los estudiantes para vivir bien en una era de incertidumbre ecológica, también debemos transformar cómo ocurre el aprendizaje. La educación regenerativa requiere pedagogías sintonizadas con el lugar, la cultura y la complejidad. Exige un cambio de la transmisión rígida a la participación dinámica, de la abstracción a la conexión y de la fragmentación a la totalidad.

En primer lugar, debemos superar los compartimentos curriculares. La crisis climática no respeta los departamentos académicos, y nuestro enfoque del aprendizaje tampoco debería hacerlo. Las pedagogías regenerativas adoptan un aprendizaje integrado e interdisciplinario que refleja la complejidad de los desafíos del mundo real. Un solo proyecto (por ejemplo, restaurar un humedal local) puede involucrar biología, ética, análisis de datos, narración y civismo. Los estudiantes no solo aprenden sobre sistemas. Aprenden dentro de ellos.

En segundo lugar, debemos reconectar la educación con el territorio. Para muchos estudiantes, la escuela se ha convertido en una experiencia completamente interior: desconectada de las estaciones, protegida del clima y aislada de la tierra. El aprendizaje regenerativo invita a los estudiantes al exterior—hacia bosques, ríos, jardines y comunidades. Las escuelas forestales sumergen a los niños en los ciclos ecológicos. La educación indígena basada en la tierra, fundamentada en cosmovisiones relacionales, enseña a los estudiantes a escuchar, observar y actuar de maneras que honran la interdependencia y la responsabilidad. Incluso donde el acceso a la naturaleza es limitado, las visitas virtuales a áreas ecológicamente vulnerables (como costas que desaparecen o arrecifes de coral frágiles) pueden ayudar a cultivar una conexión emocional y cognitiva a distancia.

En tercer lugar, debemos pasar del rendimiento a la participación. En las aulas convencionales, a menudo se pide a los estudiantes que repitan conocimientos para demostrar que han aprendido. En contraste, las pedagogías regenerativas los invitan a participar en la creación de conocimiento, es decir, a hacer preguntas, proponer soluciones, probar ideas y reflexionar sobre los resultados. Es la diferencia entre escribir un trabajo sobre el cambio climático y organizar una campaña local para reducir residuos. La participación convierte el aprendizaje en experiencia vivida (Scardamalia & Bereiter, 2010).

Vemos esto en modelos como:

- **Escuelas forestales** (originarias de Escandinavia) que sitúan la naturaleza como escenario y maestra, fomentando la resiliencia, la curiosidad y la conexión ecológica.
- **Aprendizaje indígena basado en la tierra**, como el practicado por educadores maoríes y de las Primeras Naciones (Stucki, 2010; Chief, 2017), que incorpora la sabiduría ancestral y el cuidado en cada lección.
- **Teach the Future**, un movimiento global que empodera a la juventud para integrar los futuros climáticos en cada materia, no como un tema marginal sino como un imperativo ético.

- **Green School Bali**, donde la sostenibilidad es un modo de vida, desde aulas de bambú hasta alianzas comunitarias y sistemas de energía renovable.

La tecnología también tiene un papel, pero solo cuando se utiliza con *propósito*. Las simulaciones interactivas, los paneles de datos ambientales en tiempo real y las plataformas de colaboración global pueden apoyar el aprendizaje ecológico cuando conectan a los estudiantes de manera significativa entre sí y con el mundo.

Enseñar para el planeta requiere más que campañas de sensibilización o unidades de ciencias sobre el clima. Exige un enfoque pedagógico integral: uno que regenere nuestra conexión con la tierra, con los demás y con el futuro. Esto prepara a los estudiantes para pensar de manera diferente, a través de escalas, disciplinas y generaciones.

RECLAMAR LA EDUCACIÓN PARA LA TIERRA

Si la era industrial convirtió la educación en un mecanismo para gestionar recursos (humanos y ecológicos por igual), la era venidera debe recuperarla como una fuerza para la regeneración. La educación no puede seguir siendo un instrumento de los mismos sistemas que erosionaron la resiliencia del planeta. Debe convertirse en una práctica viva y adaptativa que nos ayude a reparar, restaurar y reimaginar nuestra relación con la Tierra.

Esto implica más que enseñar sobre sostenibilidad. Requiere repensar *para qué* es la educación y *a quién* está destinada a beneficiar.

Una educación regenerativa pregunta: *¿Qué tipo de mundo estamos preparando para que los estudiantes hereden y co-creen?* Considera cada lección como un acto potencial de sanación. Cuando los estudiantes plantan árboles, analizan suelos, restauran especies nativas y escuchan a los ancianos compartir historias de un lugar antes de ser pavimentado, se convierten en cuidadores. Cuando imaginan futuros mejores y se organizan para el cambio, encarnan la posibilidad de que el aprendizaje puede volver a hacer las cosas completas.

Esto trata sobre la supervivencia. Y ya está ocurriendo en pequeñas acciones que, sumadas, marcan la diferencia: escuelas que compostan sus residuos alimentarios, aulas que transforman el agua de lluvia en jardines, y jóvenes que se organizan para exigir acción climática. Estas son prácticas a pequeña escala con profundas implicaciones culturales: enseñan a los aprendices que sus acciones importan, que la interconexión es real y que la educación tiene el poder de regenerar la vida, no de extraer de ella.

Pero, para ampliar este cambio, debemos enfrentar un desafío más profundo: *¿Cómo diseñamos entornos de aprendizaje que reparen en lugar de dañar, que resistan las lógicas extractivas de la evaluación y la clasificación, y que sostengan la restauración, la reflexión y la responsabilidad? ¿Cómo situamos las ecologías locales, los saberes ancestrales y la experiencia vivida en el centro del currículo?*

El trabajo comienza con una visión. Un compromiso de alinear la práctica educativa diaria con los sistemas vivos que nos sostienen. Una decisión de tratar a los aprendices como ciudadanos planetarios. Una creencia de que las escuelas pueden ser lugares donde se repara nuestra relación con la Tierra.

LA EDUCACIÓN DEBE AYUDARNOS A VIVIR MEJOR CON LA TIERRA O HABRÁ FALLADO POR COMPLETO EN SU PROPÓSITO..

CAHIER CUATRO

Fuerzas y barreras sistémicas

ENMARCANDO

La educación se encuentra en una encrucijada. En todo el mundo, las inequidades persisten, dejando a comunidades enteras sin ser escuchadas ni atendidas. Cualquier sistema que acepte este statu quo es cómplice de la injusticia. Para avanzar, la educación debe desmantelar las barreras que excluyen a los aprendices y construir currículos que centren las experiencias, conocimientos y voces de quienes históricamente han sido marginados. ***La equidad y la inclusión son la base de un sistema educativo justo.***

Pero la equidad no puede sostenerse sola. Los aprendices también deben estar preparados para actuar como ciudadanos tanto de sus contextos locales como del planeta en general. La ciudadanía global vincula la experiencia personal con los desafíos planetarios, exigiendo empatía entre culturas y responsabilidad colectiva por el futuro que compartimos. Esto requiere más que ideales abstractos: la educación debe proporcionar las alfabetizaciones y herramientas que permitan a los aprendices conectar lo que hacen localmente con cómo esto moldea la comunidad global.

Para prosperar en este contexto, los estudiantes necesitan espacios donde la imaginación y la iniciativa sean valoradas. El futuro pertenece a quienes crean, experimentan y asumen riesgos: nerds, geeks, makers, soñadores y knowmads. La educación debe acoger a los entreprenerds: aprendices que transforman el conocimiento especializado en iniciativas con valor cultural, social y emprendedor. El fracaso no es un punto final, sino parte del proceso de aprender, inventar y transformar el mundo.

Al mismo tiempo, la educación debe mantenerse firme frente a la distorsión. Experimentamos una realidad compartida. Sin verdades compartidas, el pensamiento crítico colapsa, la confianza se erosiona y la cooperación fracasa. Los aprendices deben estar preparados para navegar un mundo donde los hechos son cuestionados y la desinformación se propaga, equilibrando la evidencia empírica con el coraje de imaginar nuevas posibilidades. La educación debe defender la realidad mientras equipa a los aprendices para cuestionar, probar y construir conocimiento.

Finalmente, la educación que ignora el planeta ignora el futuro mismo. Con el cambio climático y el colapso ecológico en el horizonte, el cuidado ambiental ya no puede ser tratado como una preocupación optativa. Los aprendices no solo deben estudiar la sostenibilidad; deben ser empoderados como co-creadores de soluciones, con habilidades para actuar e innovar. Este es el trabajo de prepararse para sobrevivir y prosperar en un mundo cambiante.

En conjunto, estos compromisos (equidad, ciudadanía global, entreprenerds, realidad compartida y cuidado planetario) son hilos entrelazados del mismo desafío. La educación debe reinventarse como el terreno donde convergen la justicia, la verdad, la creatividad y la sostenibilidad. Cualquier cosa menor corre el riesgo de volverse irrelevante ante el futuro que ya está llegando.

PREGUNTAS PARA LA REFLEXIÓN

1. **Complicidad o cambio.** ¿Dónde ves en tu propio contexto que se toleran o se excusan inequidades? ¿Qué requeriría desmantelarlas y dónde encontrarías puntos de resistencia?

2. **De lo local a lo global.** ¿Cómo repercuten tus elecciones cotidianas, como aprendiz o educador, en los desafíos globales? ¿Dónde ves la brecha entre la retórica y la responsabilidad?
3. **Entreprenerds.** ¿Dónde se permite a los aprendices en tu entorno asumir riesgos, fracasar y volver a intentarlo, y dónde se les castiga para que se conformen? ¿Qué espacios liberarían la creatividad y la iniciativa genuinas?
4. **Realidad compartida.** ¿Cómo navegas la desinformación, la distorsión o la negación en tu entorno de aprendizaje? ¿Qué prácticas ayudan a defender la verdad sin dejar de dar espacio a la imaginación?
5. **Futuros planetarios.** ¿Qué haría falta para que tu escuela, universidad o lugar de trabajo integre la sostenibilidad como una práctica vivida, no como una optativa? ¿Qué habría que abandonar para hacerle espacio?

Intenta esto

Toma una hoja de papel o utiliza las páginas de notas que siguen. Identifica una inequidad en tu entorno de aprendizaje. Redacta una acción concreta de disrupción: una reasignación de recursos, un cambio curricular o una alianza que desafíe directamente la inequidad. Comprométete a ponerla a prueba en los próximos tres meses.

Notes

Notes

Notes

INTERMEZZO
2

CONSTRUIR
UNA
REBELIÓN
POSITIVA

INTERMEZZO

ROMPIENDO CON EL PASADO, REDEFINIENDO LA LIBERTAD

Cuando escribimos *Manifesto 25*, sabíamos que nunca estaría completo. Nunca fue pensado como una prescripción o una doctrina cerrada, sino como una provocación abierta—una invitación a cuestionar, revisar y expandir lo que la educación podría llegar a ser. El manifiesto no pedía acuerdo, sino respuestas críticas.

A los firmantes originales del manifiesto se les invitó a responder dos preguntas:

1. ¿De qué prácticas o hábitos te estás apartando y por qué? ¿Qué supuestos educativos reconoces ahora como mitos o trampas?
2. Dónde ves que la libertad de aprendizaje está luchando, prosperando o siendo redefinida—en tu contexto profesional, geográfico o político?

Educadores, activistas, aprendices y constructores de comunidad de todo el mundo respondieron. Sus contextos diferían, pero su propósito convergía: repensar cómo entendemos y practicamos el aprendizaje. Lo que sigue es una síntesis de esas reflexiones, una pausa entre las provocaciones del manifiesto y una oportunidad para escuchar a través de las fronteras.

La primera observación es de carácter cultural.Heredamos más que rasgos físicos de generaciones anteriores. Heredamos creencias, rituales y hábitos tan arraigados que se vuelven invisibles. Estas tradiciones moldean cómo pensamos sobre el aprendizaje, la escuela y la educación misma. Algunas nos ayudan a crecer. Otras nos atrapan en patrones obsoletos hasta que alguien decide apartarse y cuestionarlas.

Constanze Beyer capta esta tensión con una metáfora:

LA IA ESTÁ EN UNA CAJA Y PROCESA TEXTOS E IMÁGENES SOBRE EL MUNDO EXTERIOR. LOS ESTUDIANTES ESTÁN EN CAJAS Y PROCESAN TEXTOS E IMÁGENES SOBRE EL MUNDO EXTERIOR.

La diferencia, explica, es que los estudiantes pueden salir "de la caja". Pueden explorar, conectar y experimentar. Ese potencial se desperdicia cuando las aulas y los currículos los aíslan del mundo real.

Demos a los estudiantes la libertad de explorar el mundo fuera del aula, de interactuar con personas, de cometer errores y aprender de ellos, de cooperar con otros en lugar de competir.

Sin embargo, la caja ya no es solo física. **Bob Kartous** nos recuerda que también es digital. Los algoritmos moldean la atención, manipulan las emociones y atrapan a los aprendices en cámaras de eco diseñadas para el lucro y no para el crecimiento. La libertad de aprendizaje hoy requiere no solo la capacidad de salir de la caja del aula, sino la habilidad de navegar la jungla digital con discernimiento, resiliencia y cuidado.

LA CAJA TIENE MUCHAS FORMAS

Esta caja no siempre está hecha de cuatro paredes físicas. **Minh Trung Doan**, reflexionando desde Vietnam, la ve reforzada en políticas y prácticas que se apresuran a adoptar la novedad sin preparar el terreno para ello. "Las herramientas tecnológicas llamativas entran en las aulas con gran fanfarria, pero a menudo carecen del andamiaje emocional y social necesario para un aprendizaje inclusivo".

Él señala que "los espacios para el aprendizaje no formal, la educación en casa y las alternativas creativas son marginados o directamente descartados". En su opinión, incluso dentro de los sistemas formales, demasiados modelos siguen siendo obsoletos, ofreciendo entornos de aprendizaje que no responden culturalmente ni están en sintonía con las complejidades de un mundo hiperconectado.

Para él, la ausencia más evidente es la conciencia planetaria. A pesar de la urgencia expresada por científicos y movimientos climáticos, la alfabetización ecológica sigue siendo periférica. La educación no ha alcanzado la conciencia planetaria que las generaciones actuales y futuras necesitan. Sin embargo, también ve esperanza en el activismo de los jóvenes. Armados con conciencia interseccional y defensa creativa, no esperan a que los sistemas se reformen. Están construyendo centros comunitarios de educación, desafiando las brechas digitales e inventando nuevas formas de solidaridad que rediseñan la educación desde abajo.

La redefinición de la libertad de aprendizaje, argumenta, está ocurriendo en otros lugares: "en salas de estar, plazas públicas, redes digitales y reuniones informales — en cualquier lugar donde la curiosidad resiste ser contenida". Esto implica transformar toda nuestra idea de lo que debería ser el aprendizaje: "dinámico, inclusivo, alegre, sostenible y empoderador".

ROMPIENDO LA MENTALIDAD DE CARRERA

Sin embargo, la curiosidad es difícil de sostener en una cultura que trata la educación como una carrera. **Alejandra Mendoza Garza** ha visto el patrón repetirse: "Ya sea 'llegar al fin de semana', 'llegar al final del semestre' o 'llegar al final del año', siempre estamos corriendo".

Esta "carrera", sostiene, es un mito agotador que deja a estudiantes, docentes y líderes exhaustos. La educación se convierte en llegar a la meta en lugar de experimentar. Ella describe el costo de los plazos rígidos, las cargas de trabajo pesadas y las culturas de liderazgo que normalizan el movimiento constante: "Cuando los docentes corren, los líderes corren y los padres corren, inevitablemente hacemos que nuestros estudiantes también corran, y todos terminamos cansados".

Su alternativa es "deconstruir la idea de la carrera" y centrarse en el trayecto, donde los objetivos son "oportunidades de aprendizaje... no solo puntos de control". El aprendizaje, nos recuerda, ocurre en ecosistemas, no en cajas ni ruedas de hámster.

Además, advierte contra las respuestas impulsadas por el miedo a la tecnología, especialmente la IA. Prohibir o restringir la IA sin explorar su potencial es, sostiene, otra forma de huir. Como en las pasadas crisis morales sobre la televisión o las computadoras domésticas, refleja más miedo que ética. "Nada en la vida debe ser temido; solo debe ser comprendido", recuerda de Marie Curie. Para Alejandra, rechazar la IA es una trampa: el reto es enseñar la ética y la creatividad necesarias para usarla responsablemente.

Basándose en el marco de adaptaciones desviadas de Robert Merton (1938) (conformidad, innovación, ritualismo, retraimiento, rebelión), ve que la libertad de aprendizaje provoca una variedad de respuestas, desde la conformidad hasta la rebelión. Para ella, la disrupción es una postura necesaria en contextos donde la educación se utiliza como espectáculo político.

También señala cómo las agendas políticas pueden convertir la educación en una "vitrina", donde los programas se lanzan para la visibilidad y los votos, pero se abandonan antes de echar raíces. En estos contextos, ve la disrupción no como un eslogan sino como una necesidad: una negativa consciente a las reformas superficiales en favor de transformaciones más profundas, lentas y humanas.

ENCONTRAR UN NUEVO PROPÓSITO

Cambiar el ritmo es un paso; cambiar el propósito es otro. **Silvia Enríquez** advierte sobre la trampa de las intenciones y métodos desalineados. Ha pasado años enseñando lingüística y tecnología educativa a futuros docentes, impulsándolos a aplicar la teoría en su propia práctica. Explica explícitamente a los estudiantes por qué estudian teoría y les pide reflexionar sobre su valor para su propio trabajo, en lugar de tratarla como contenido abstracto para memorizar.

Sin embargo, este enfoque a menudo choca con la realidad de los exámenes, que crean un estado de contradicciones que socavan la enseñanza innovadora:

Si intentas enseñar a tus estudiantes a pensar... pero luego tienes que usar un formato de examen que es solo repetición... entonces, ¿cuál es el sentido de haber enseñado de manera diferente?

Para ella, el cambio debe ser holístico: currículo, evaluación y cultura de aula avanzando en la misma dirección. De lo contrario, los estudiantes vuelven a lo que conocen, estudiando para superar los obstáculos necesarios para aprobar el curso, en lugar de estudiar para aprender.

Silvia también destaca la colaboración como antídoto a la trampa de la repetición. En sus clases, los futuros docentes deben resolver problemas juntos, cada uno aportando desde su propia práctica. La cooperación no surge fácilmente en sistemas que premian el rendimiento individual, pero ella insiste en que debe practicarse deliberadamente. Cuando los estudiantes experimentan el valor de resolver problemas en colaboración, es más probable que lo reproduzcan en sus propias aulas. Para ella, el mensaje es claro: el cambio no puede detenerse solo en nuevos métodos. Debe alcanzar currículo, evaluación y cultura al mismo tiempo.

INTEGRACIÓN EN LUGAR DE FRAGMENTACIÓN

Para **Luis R. Lara**, la ruptura con la tradición implica integración. Enseñando electrónica, se niega a tratar su materia como un silo aislado:

Nuestra educación históricamente se ha impartido de manera fragmentada... Pero, ¿por qué no hacerlo en el mismo momento en que estamos aprendiendo...?

Sostiene que los problemas del mundo real son inherentemente multidisciplinarios, involucrando consideraciones sociales, ecológicas y económicas, junto con comunicación, mercadotecnia y cuidado ambiental. Esperar hasta la vida profesional para integrar estas perspectivas es una oportunidad perdida. Si los estudiantes aprenden en contexto desde el principio, pueden convertirse en profesionales que actúan en armonía con su entorno y comunidad.

Richard Fransham refuerza esta perspectiva integradora a través de la mezcla de edades. Basándose en un programa piloto canadiense, relata la historia de dos estudiantes mayores que ingresaron con la intención de aislarse, pero pronto se dieron cuenta de que las diferencias de edad se disolvían al trabajar en una comunidad mixta. Lo que comenzó como separación se transformó en solidaridad, mostrando que la segregación por edad, al igual que la fragmentación disciplinaria, empobrece el aprendizaje. La integración (entre materias y entre generaciones) crea las condiciones para la empatía, la resiliencia y el crecimiento compartido. Los chicos incluso admitieron que pretendían ignorar a los estudiantes más jóvenes, pero pronto se dieron cuenta de que el prejuicio se disolvía en la práctica. La comunidad les enseñó que las barreras de edad son artificiales.

RECHAZANDO LA ESTANDARIZACIÓN

El equipo de **Cloud School en Polonia** desafía otros mitos: la creencia de que la educación debe ser "lineal, estandarizada e igual para todos" y la dependencia de las calificaciones y la clasificación como motivadores. Ven cómo "los números pueden matar la curiosidad natural y la motivación para aprender".

Su crítica resuena con las reflexiones de **Christel Hartkamp** sobre el modelo Sudbury. Ella describe cómo las escuelas que confían en que los niños dirijan su propio aprendizaje desmontan dos de los mitos más persistentes: que los niños requieren motivación externa constante y que el aprendizaje debe ser medido para que cuente. En la práctica, los estudiantes Sudbury eligen sus caminos, interactúan entre edades y aprenden de manera democrática. Para Hartkamp, romper con la convención facilita recuperar la fe en el potencial humano.

En cambio, utilizan "retroalimentación, diálogo y autorreflexión" y se centran en preguntas como "¿Qué hemos aprendido? ¿Qué podemos mejorar? ¿Qué hemos logrado?" Definen la libertad de aprender como "el derecho a elegir, el derecho a equivocarse y el derecho a establecer metas de manera independiente".

Reconocen que las limitaciones sistémicas (por ejemplo, planes de estudio sobrecargados, burocracia y control externo) aún frenan experimentaciones más audaces. Pero también ven florecer la libertad en grupos de autoaprendizaje, sesiones de mentoría e iniciativas estudiantiles. La tecnología y los modelos a distancia disuelven las barreras geográficas, permitiendo que jóvenes de todo el mundo colaboren y co-creen.

CONFIAR EN LOS APRENDICES

La confianza también es central en el compromiso de Christel Hartkamp con el modelo Sudbury. Ella describe su premisa:

En lugar de ver la educación como un acto pasivo de recibir conocimiento, las escuelas Sudbury la consideran una exploración activa y autodirigida.

En las escuelas tipo Sudbury, no hay calificaciones, no hay clases obligatorias y no hay currículo impuesto desde arriba. Solo existe la confianza en que los niños son naturalmente curiosos y capaces de dirigir su propio aprendizaje. El modelo desafía dos supuestos generalizados: que los niños requieren motivación externa constante y que el aprendizaje debe ser medido y clasificado para que cuente.

Liberarse, dice, es "un acto de recuperar nuestra fe en el potencial humano".

LA EDUCACIÓN COMO CUESTIÓN DE DERECHOS

Para **Juraj Mazák**, esto es una cuestión de derechos. "Una de las mayores mentiras... es que la educación es algo que se hace a los niños". Los niños, insiste, son "titulares de derechos" con derecho a una educación que respete su autonomía y potencial.

Las calificaciones, la estandarización y los planes de estudio micromanejados son, en sus palabras, mecanismos de exclusión. Sostiene que "la desregulación no es caos—es ante todo una posibilidad. Es aire". Sin ella, las escuelas no pueden adaptarse, cuidar, incluir ni imaginar futuros mejores.

Él rechaza tres mitos en particular: que el control crea calidad, que la estandarización garantiza la equidad y que la escuela es solo una preparación para la vida. Cada uno, argumenta, traiciona los derechos de los niños.

Él nos desafía:

Si realmente queremos preparar a los niños para un mundo democrático... debemos construir escuelas que sean democráticas. Si queremos ciudadanos responsables, debemos dejar de criar personas que solo sean fáciles de controlar.

Lenka Mazáková ofrece un contrapunto personal a este argumento sistémico. Ella recuerda el momento en que se alejó de la autoridad posicional: "Cuando dejé de esconderme detrás del muro del 'yo sé más', sucedió algo inesperado: me encontré con los niños como iguales".

Ese cambio, aunque arriesgado, generó espacio para una conexión real. Ella también cuestionó la idea de que el aprendizaje de calidad deba ocurrir en la comodidad:

La comodidad parece ser una maestra débil. El aprendizaje real comienza cuando algo se rompe... Los niños crecen cuando enfrentan desafíos y descubren qué hacer.

Para Lenka, la comodidad es una maestra débil. El aprendizaje auténtico comienza cuando los grupos fracasan, cuando surgen desacuerdos, cuando se pierde un tren y el plan se desmorona. El crecimiento surge a través de la lucha, no de la evasión. Ahora ella abraza lo que llama "degustación obligatoria", la oportunidad para que los niños se enfrenten a ideas, valores y experiencias que quizás nunca elegirían por sí mismos. Chispazos no planificados (por ejemplo, un video extraño o un debate escuchado en el autobús) pueden cambiar perspectivas más que las lecciones cuidadosamente preparadas. Para ella, la libertad de aprendizaje significa equilibrar la dirección con la apertura, resistiendo la tentación de sobreestructurar los recorridos de los niños.

REDEFINIENDO EL PAPEL DEL ADULTO

El equipo de la **Slobodná Škola** en Eslovaquia lo articula como una redefinición del papel del adulto:

Nuestra tarea es mantener el espacio donde el aprendizaje pueda ocurrir—no forzarlo a que ocurra... El consentimiento verdadero significa que ellos eligen porque les importa, no porque nos complazca a nosotros.

Esto requiere vivir con incomodidad: elecciones que parecen aburridas o caóticas, avances lentos y temores parentales sobre la productividad. "La libertad suena muy bien en teoría, pero en la práctica es lenta, impredecible y difícil de medir. La gente quiere seguridad. Y el sistema antiguo, a pesar de todos sus defectos, promete claridad".

Sin embargo, vuelven a la confianza como una condición necesaria en las escuelas, porque en la incomodidad hay honestidad, y en la honestidad, confianza. "Seguimos eligiendo la incomodidad... porque en ese espacio encontramos honestidad. Y en la honestidad, construimos confianza".

En conjunto, estas voces resuenan a través de diversos contextos: digitales y ecológicos, políticos y personales, formales e informales. Desde Praga hasta Vietnam, desde México hasta Eslovaquia, sus reflexiones convergen en un principio básico: la libertad en el aprendizaje es frágil, pero también es resiliente.

PATRONES EMERGENTES

Al alejarnos de las historias y contextos individuales, se hace evidente que estas reflexiones forman una constelación de prioridades recurrentes. Entre los encuestados, existe un trasfondo compartido en diversas experiencias de ruptura con antiguas prácticas hacia la redefinición de la libertad de aprendizaje.

Rechazar la velocidad como medida de éxito

Uno de los puntos de convergencia más sólidos es la crítica a la velocidad como indicador de calidad. Mientras que el progreso rápido suele ser celebrado en los discursos institucionales y políticos, estos colaboradores lo consideran una falsa economía. Esto sugiere una compensación que sacrifica la profundidad, la conexión y el bienestar humano.

Como señaló un colaborador, la prisa puede tomar muchas formas: comprimir los planes de estudio en plazos poco realistas, exigir resultados inmediatos de nuevas reformas o esperar que los estudiantes avancen a un ritmo uniforme sin considerar el contexto. Otros describen cómo la toma de decisiones políticas agrava el problema, priorizando logros rápidos y visibles sobre cambios sostenidos. Esta cultura de "apresuramiento" reduce el espacio para la exploración, la toma de riesgos y la reflexión significativa, amenazando las condiciones mismas en las que el aprendizaje se profundiza.

De diferentes maneras, nos recuerdan que el aprendizaje más transformador a menudo se desarrolla a un ritmo que resiste la medición: el tiempo que toma construir confianza, recuperarse de los contratiempos e integrar una nueva comprensión en la experiencia vivida.

Desmantelando medidas falsas

Un segundo tema compartido es el rechazo a las métricas reductivas. Aunque las calificaciones y los rankings siguen estando arraigados en muchos sistemas, estas voces destacan sus efectos distorsionadores, convirtiendo el aprendizaje en una actuación para el juicio externo en lugar de un compromiso auténtico con las ideas.

Varios colaboradores señalan que tales medidas no solo tergiversan el aprendizaje; también moldean activamente el comportamiento de maneras que lo socavan. Cuando los estudiantes comprenden que su valor se reducirá a una calificación, aprenden a priorizar lo que se evalúa por encima de lo que es significativo. Los educadores, asimismo, pueden verse atraídos a enseñar para el indicador en lugar de enseñar para el aprendiz.

Este patrón se extiende más allá de la calificación académica para abarcar la cultura más amplia de la auditoría y la inspección. Los encuestados describen cómo la medición constante puede desplazar la innovación, desalentando a los educadores de experimentar con nuevos enfoques que quizás no generen resultados "medibles" de manera inmediata. No piden la abolición total de la evaluación, sino nuevas formas de rendición de cuentas que respeten la complejidad, el contexto y el crecimiento a lo largo del tiempo.

Integrar en lugar de fragmentar
Muchos de los colaboradores ven la integración tanto como un principio pedagógico como una habilidad de supervivencia para el siglo XXI. En sus relatos, el aprendizaje que permanece aislado (es decir, desvinculado de las realidades vividas y de otros campos del conocimiento) es incompleto y frágil.

Varios señalan cómo los desafíos del mundo real resisten una categorización ordenada. Los problemas medioambientales, por ejemplo, requieren una interacción entre el conocimiento científico, la participación cívica, el razonamiento ético y la comunicación. Lo mismo ocurre en la esfera digital, donde la alfabetización técnica debe ir acompañada de conciencia mediática, empatía social y fluidez cultural.

Esta postura integradora también se extiende a los límites entre la escuela y la comunidad. Los colaboradores imaginan ecosistemas de aprendizaje donde las instituciones formales son porosas, conectadas con los contextos locales, redes globales y toda la gama de intereses de los aprendices. En estos entornos, la integración funciona como el enfoque predeterminado para cultivar conocimientos y habilidades, no como una actividad de enriquecimiento periférica.

Confiar en los aprendices y soltar el control
Un tema recurrente es la creencia de que los aprendices de todas las edades son capaces de dirigir su propio desarrollo cuando se les brinda la confianza y las condiciones necesarias para hacerlo. Para algunos, esta confianza está incorporada en las estructuras en las que trabajan, como las escuelas democráticas o autodirigidas. Para otros, es una práctica personal deliberada en entornos más tradicionales, que requiere una moderación consciente para no dirigir en exceso el proceso.

Los colaboradores reconocen que dejar ir el control rara vez es fácil. Los adultos deben aceptar decisiones que pueden no alinearse con sus propios planes o criterios estéticos, y deben resistirse a intervenir simplemente para acelerar el progreso o hacer el proceso más ordenado. La confianza, en este sentido, se construye a partir de una actitud activa que implica escuchar atentamente, un diálogo honesto y una disposición a compartir la responsabilidad.

Varios también señalan que la confianza funciona en ambos sentidos. Para que los aprendices adopten la autonomía, deben poder confiar en que los adultos a su alrededor los apoyarán en lugar de castigar la experimentación, y que los errores serán tratados como parte del proceso y no como fracasos que deben evitarse. Los aprendices responden a esa confianza con un mayor sentido de responsabilidad sobre su aprendizaje, una mayor disposición a asumir riesgos y una participación más profunda en el proceso.

Enfrentando barreras sistémicas

Si bien las prácticas personales y locales son importantes, estos colaboradores son plenamente conscientes de las fuerzas estructurales que determinan lo que es posible en sus contextos. Los procedimientos burocráticos, las restricciones legislativas y los relatos culturales profundamente arraigados sobre "cómo debe ser la escuela" influyen en el alcance del cambio.

En algunos relatos, estas barreras son logísticas: horarios rígidos, marcos curriculares inflexibles o falta de financiación para enfoques alternativos. En otros, son ideológicas: desconfianza hacia las vías no tradicionales, resistencia a las iniciativas lideradas por estudiantes o la concepción de la educación principalmente como preparación para el trabajo.

Varios participantes observan que incluso las políticas bien intencionadas pueden convertirse en obstáculos cuando se implementan sin flexibilidad o sin atención a las necesidades locales. Esto es particularmente evidente cuando las reformas están impulsadas por agendas políticas, lo que puede resultar en cambios abruptos de dirección, programas fragmentados y la erosión de iniciativas antes de que tengan tiempo de consolidarse.

Localizando espacios de prosperidad

A pesar de las presiones, cada colaborador identifica lugares, por pequeños que sean, donde la libertad de aprendizaje está viva. Estos espacios suelen ser modestos en escala e informales en su estructura, pero ejercen una influencia desproporcionada en la configuración de lo que es posible.

Algunos de estos son lugares físicos: talleres comunitarios, programas intergeneracionales o grupos de aprendizaje de diferentes edades donde se valora la enseñanza mutua. Otros son espacios relacionales: círculos de práctica donde los pares se orientan entre sí, o redes que conectan a los aprendices a través de distancias mediante proyectos compartidos.

Lo que une a estos espacios florecientes es su capacidad de respuesta. Se adaptan a las necesidades de los aprendices en lugar de forzar a los aprendices a adaptarse a ellos. Permiten la imprevisibilidad de la indagación genuina y tratan la autonomía como una realidad vivida y no como un eslogan. Es importante destacar que estos espacios suelen existir en los márgenes de los sistemas formales, lo que los hace tanto valiosos como vulnerables.

A lo largo de estos seis patrones, un solo hilo conecta las historias. La libertad de aprendizaje aparece cuando los educadores permiten el riesgo de aventurarse en lo desconocido y aceptan cierto grado de fragilidad. Se manifiesta cuando un estudiante elige una dirección sin aprobación previa, cuando una clase sigue una pregunta no planificada y cuando un proyecto comunitario cruza fronteras disciplinarias sin pedir permiso al horario. Estos momentos enfrentan una presión constante de las rutinas administrativas, las demandas políticas y el hábito de reducir el valor a números. Sin embargo, la libertad de aprendizaje persiste. Sobrevive porque las personas deciden defenderla, incluso en lugares diseñados para contenerla.

Nuestra tarea es verlos como parte del mismo cambio, uno que valora la agencia sobre la obediencia, la profundidad sobre la velocidad y el propósito compartido sobre el rendimiento limitado. La libertad de aprendizaje abraza la confianza, la curiosidad y el espacio para actuar. Y a largo plazo, esas son las condiciones que permiten que la educación prospere.

Para leer las respuestas completas y sin editar de los colaboradores de todas las regiones y contextos, escanee el código QR y explore la colección en línea.

22

En ausencia de esperanza, debemos construir comunidades de confianza

La educación enfrenta una crisis de propósito. En muchos lugares, el aprendizaje ya no se fomenta. Se gestiona. Se prohíben libros. Se silencia a los docentes. Las historias se borran o se reescriben. Los estudiantes que disienten son detenidos y deportados. Estas acciones reflejan una creciente comodidad con el control autoritario, donde la educación funciona menos como un camino hacia el conocimiento y más como un mecanismo para imponer la obediencia.

Al mismo tiempo, el mundo para el que las escuelas prometen preparar a los jóvenes se está desmoronando y reconstruyendo a la vista de todos. La inestabilidad climática se acelera. La migración forzada transforma barrios y naciones. La inteligencia artificial reorganiza el trabajo, la identidad y el poder. Las plataformas digitales fragmentan la realidad compartida y premian la indignación sobre la verdad. Estas fuerzas definen la vida cotidiana, pero la mayoría de las instituciones educativas siguen atadas a estructuras construidas para otro siglo.

La respuesta común es pedir reformas. Los responsables de políticas exigen nuevos estándares, nuevos sistemas de rendición de cuentas, nuevas tecnologías y nuevos liderazgos. La reforma no aborda el problema de fondo. El problema más profundo radica en los supuestos que han guiado la escolarización durante generaciones. Los sistemas asumen que el control produce aprendizaje, la estandarización produce equidad, la clasificación produce motivación y la escolarización existe para suministrar mano de obra (Biesta, 2010). Estos sistemas no funcionan mal. Funcionan exactamente como fueron diseñados. Los esfuerzos de reforma solo pulen la maquinaria y preservan su lógica (Tyack & Cuban, 1995). Esa es la trampa.

Manifesto 25 rechaza la idea de que la educación necesita ser reparada. Sostiene que la educación necesita un nuevo propósito. El cambio debe ir del control a la confianza, de la obediencia a la agencia, de la acreditación al ser, de las prioridades institucionales a la dignidad humana y la responsabilidad compartida. Los aprendices que sostendrán la vida democrática, enfrentarán el colapso ecológico y navegarán la manipulación requieren entornos que cultiven el coraje, el cuidado y el discernimiento. El desafío es moral, no técnico.

El manifiesto no pretende prescribir soluciones. Ofrece un *lenguaje compartido* para quienes repiensan la educación en sus propios contextos. Crea un marco para la comprensión a través de las diferencias, de modo que las comunidades puedan diseñar sus propias hojas de ruta hacia el futuro. El documento surgió de conversaciones entre regiones y culturas. Los colaboradores buscaron orientación en el Sur Global antes de mirar hacia el Norte. Educadores, organizadores y aprendices dieron forma al texto desde la experiencia vivida. Desde el inicio, la publicación invitó a firmas, adaptaciones y traducciones. Personas y organizaciones aparecen como coautores para afirmar la propiedad y la responsabilidad colectiva.

El manifiesto apoya a las comunidades en la imaginación y construcción de sus mejores futuros posibles. Estos futuros no serán uniformes. Serán relevantes, dignos y fundamentados en las necesidades humanas. El texto desafía la creencia de que pequeños ajustes pueden rescatar sistemas obsoletos. Llama a reimaginar la educación desde sus cimientos. La Tabla 3 contrasta dos modelos que expresan supuestos opuestos sobre el aprendizaje, la autoridad y el sentido. Estos contrastes exponen una decisión consciente. La educación puede organizarse en torno al control o en torno a la liberación. La elección configura las aulas, las políticas y las relaciones cotidianas.

Tabla 3. Marcos de aprendizaje orientados al control vs. liberadores.

SISTEMAS ORIENTADOS AL CONTROL	MARCOS DE APRENDIZAJE LIBERADORES
La obediencia como objetivo	La curiosidad como punto de partida
Contenidos y resultados estandarizados	Aprendizaje contextual y relacional
Aprendizaje como preparación para roles laborales definidos	Aprendizaje como proceso de devenir
El conocimiento se transmite desde la autoridad	El conocimiento se co-construye con otros
La evaluación como clasificación	La evaluación como reflexión y crecimiento
Vigilancia y monitoreo	Confianza y autonomía
Docentes y personal como gestores	Docentes y personal como colaboradores
Currículo definido por intereses estatales o corporativos	Currículo definido por las necesidades de cada aprendiz y de la comunidad
Legitimidad confinada a instituciones formales	Legitimidad basada en experiencias vividas

CUANDO LA ESPERANZA SE DERRUMBA

La esperanza por sí sola no produce cambios. Muchas personas creen que la política, el liderazgo o la innovación mejorarán la educación. Sin embargo, en muchos contextos, las autoridades ya no descuidan la educación. La utilizan como arma, la emplean para restringir el conocimiento, eliminar el pensamiento crítico e imponer la obediencia (Apple, 2006).

Estados Unidos, por ejemplo, actualmente tiene un Secretario de Educación que confunde la inteligencia artificial con salsa para bistec (Silberling, 2025). Esto puede parecer simple incompetencia, pero no lo es. Refleja indiferencia (si no desprecio abierto) hacia la educación pública. Quienes están en el poder ya no pretenden preocuparse. Buscan una población entrenada para obedecer, no para pensar. Los medios no les importan, solo los resultados que pueden controlar.

En este contexto, la esperanza no es suficiente. *Manifesto 25* nos recuerda que cuando la esperanza se derrumba, debemos actuar. No mediante la violencia, sino mediante la visión. No mediante la obediencia, sino mediante el cuidado.

Debemos resistir los sistemas que reducen el aprendizaje a la conformidad y construir otros nuevos basados en la confianza, la relevancia y la responsabilidad compartida.

No existe una sola respuesta sobre en qué debe convertirse la educación. Cualquier respuesta significativa debe surgir de las condiciones locales, las relaciones y las historias. Los intentos de estandarizar el aprendizaje en contextos diversos suelen borrar las mismas diferencias que hacen resilientes a las comunidades. Lo más importante es definir con claridad el propósito. Debemos decidir por qué luchamos y qué estamos dispuestos a dejar atrás. Esta no es una "lucha" con puños o palos—sino con visión. Con solidaridad. Con imaginación activada. Con acción creativa. Y con comunidades construidas desde la confianza.

ENFRENTANDO EL MIEDO

Mientras los sistemas educativos operen a través del miedo y la ansiedad, resistirán la colaboración, silenciarán la disidencia y bloquearán la innovación. El miedo socava las mismas relaciones que hacen posible el aprendizaje.

Necesitamos una nueva teoría de la acción que reconozca la confianza como una condición previa para el cambio significativo. Esto implica diseñar enfoques educativos que inviten a la participación, en lugar de exigir el cumplimiento. También significa escuchar a los estudiantes y a las familias como colaboradores, no como consumidores. Además, implica construir alianzas entre sectores. Los gobiernos, educadores, padres y empresas deben relacionarse entre sí no a través de mandatos, sino mediante la responsabilidad mutua.

Como se expone en *Knowmad Society* (Moravec, 2013), los aprendices y otros miembros de la sociedad son valorados por su capacidad de adaptarse, colaborar y aplicar el conocimiento en contextos impredecibles. En ese contexto, la confianza es la condición previa para la innovación. Las personas necesitan libertad para asumir riesgos intelectuales sin temor a castigos o vergüenza. Sin confianza, la creatividad se estanca y el aprendizaje se reduce.

De *Manifesto 25*:

> ***Podemos y debemos construir culturas de confianza en nuestras escuelas y comunidades.*** *Mientras nuestros sistemas educativos sigan basándose en el miedo, la ansiedad y la desconfianza, los desafíos mencionados persistirán. Si los educadores han de construir una capacidad colectiva para transformar la educación, necesitamos comunidades comprometidas y también debemos involucrarnos activamente con las comunidades a las que servimos. Esto requiere una nueva teoría de acción, centrada en la confianza, donde estudiantes, escuelas, gobiernos, empresas, padres y comunidades puedan participar en iniciativas colaborativas para co-crear nuevos futuros educativos.*

La transformación intencionada comienza con la confianza como un elemento básico que debe practicarse, renovarse y protegerse. Esto incluye la confianza en los estudiantes, en los educadores y en las comunidades. También requiere que las instituciones confíen en que las personas actuarán en interés del bienestar colectivo cuando se les brinde la oportunidad y el apoyo para hacerlo.

Las comunidades de confianza no son uniformes. Varían según la geografía, la cultura y el entorno institucional. En algunos casos, adoptan la forma de escuelas democráticas, donde las decisiones se toman colectivamente entre estudiantes y personal. En otros, surgen en centros de aprendizaje informales, redes de ayuda mutua o cooperativas educativas de base. Lo que las une es un compromiso compartido de reconocer a los aprendices como participantes plenos en la construcción de sus trayectorias educativas.

Este enfoque tiene implicaciones prácticas. En entornos basados en la confianza, los educadores suelen pasar de ser transmisores de contenidos a facilitadores de procesos. Se priorizan las relaciones sobre la eficiencia. El tiempo se considera flexible, permitiendo una indagación y reflexión más profundas. El conflicto se aborda como un espacio de aprendizaje, en lugar de una interrupción que debe ser suprimida.

Construir este tipo de comunidades también requiere que las instituciones asuman riesgos con una audacia poco común. La confianza no puede florecer en entornos dominados por métricas de desempeño o listas de verificación de cumplimiento que, en última instancia, eliminan la confianza del sistema. Las escuelas deben estar dispuestas a cuestionar sus propios supuestos, redistribuir la autoridad e invitar a participar a quienes suelen estar excluidos de la toma de decisiones, especialmente jóvenes, familias y comunidades marginadas.

Cualquier respuesta significativa debe surgir de condiciones, relaciones e historias específicas. Los esfuerzos por estandarizar el aprendizaje en contextos diversos suelen borrar las diferencias que permiten a las comunidades adaptarse y persistir. El desafío es lograr claridad de propósito y definir quiénes queremos ser. Debemos decidir qué proteger, qué cambiar y qué dejar atrás mientras construimos nuevas culturas de confianza en nuestras escuelas y comunidades.

23

Rompe las reglas que nos rompen

En aulas diseñadas para la obediencia, el éxito a menudo significa mantenerse dentro de los límites, incluso cuando el mundo exterior exige que los redefinamos. Las escuelas actuales premian la conformidad silenciosa por encima de la indagación valiente, enviando un mensaje implícito a los aprendices: no preguntes demasiado, no llegues demasiado lejos (hooks, 1994).

LA OBEDIENCIA NO ES APRENDIZAJE.

Esta cultura de cumplimiento ante todo socava nuestra capacidad colectiva para adaptarnos, innovar y pensar críticamente sobre las complejidades que enfrentan nuestras sociedades y el planeta. A medida que el mundo que nos rodea se vuelve cada vez más impredecible, surge una elección fundamental: ¿Seguirá la educación reforzando estructuras obsoletas, o empoderaremos a estudiantes y educadores para reescribir las reglas de manera reflexiva?

Sin embargo, no todas las reglas son opresivas, ni toda desobediencia es virtuosa. Algunas reglas protegen la seguridad, la equidad y la inclusión. Entonces, ¿cómo distinguimos la resistencia significativa del caos o el interés propio?

Avanzar requiere empoderar a los aprendices y educadores con la claridad para comprender por qué existen las reglas y el valor para cuestionarlas cuando ya no sirven al bien común. Esta disrupción reflexiva comienza cuestionando abiertamente nuestros supuestos: *¿Por qué aprendemos de la manera en que lo hacemos? ¿A qué intereses sirven los sistemas actuales? ¿Cómo sería la educación* *si la diseñáramos de forma intencional para nuestros jóvenes y comunidades, en lugar de hacerlo de manera obediente en beneficio de "otros"?*

De *Manifesto 25*:

> ***Rompe las reglas, pero entiende claramente el porqué primero.*** *Nuestros sistemas escolares están construidos sobre culturas de obediencia, cumplimiento impuesto y complacencia. La creatividad de los estudiantes, el personal y nuestras instituciones está inherentemente sofocada. Es más fácil que nos digan qué pensar a pensar por nosotros mismos. Hacer preguntas abiertamente y construir una conciencia metacognitiva sobre lo que hemos creado y lo que queremos hacer al respecto es la mejor manera de curar este malestar institucionalizado. Solo entonces podremos diseñar rupturas justificadas del sistema que desafíen el* ***statu quo*** *y tengan el potencial de generar un impacto real.*

Para educar eficazmente para el futuro, debemos distinguir claramente entre la obediencia ciega y la participación reflexiva. Así, los aprendices podrán comenzar a reescribir de manera crítica y creativa las reglas de la propia educación.

LAS CULTURAS DE CUMPLIMIENTO NOS TRAJERON HASTA AQUÍ

Las estructuras escolares actuales, arraigadas en valores de la era industrial como la eficiencia y el control, siguen priorizando la estandarización sobre la individualidad. Las tecnologías de vigilancia monitorean el comportamiento estudiantil, los docentes navegan por currículos estrictos con autonomía limitada, y la verdadera complejidad del aprendizaje a menudo se reduce a métricas simples como calificaciones y puntajes de exámenes. En consecuencia, la curiosidad se trata como una distracción, el pensamiento creativo se vuelve riesgoso y el cuestionamiento genuino se percibe como desafío.

Cuando los aprendices y educadores interiorizan la idea de que el cumplimiento es la ruta más segura hacia el éxito, la obediencia se convierte en una estrategia de supervivencia. Con el tiempo, esta mentalidad erosiona tanto la creatividad como el pensamiento crítico, transformando la educación en una experiencia pasiva en lugar de una exploración activa del conocimiento y la posibilidad.

Las implicaciones de una educación impulsada por el cumplimiento son profundas. Los estudiantes se convierten en receptores pasivos en lugar de creadores empoderados de conocimiento. Los docentes actúan como guardianes en lugar de facilitadores de la indagación. Al enfatizar el seguimiento de reglas, muchas escuelas suprimen inadvertidamente lo que el futuro más demanda: una respuesta imaginativa ante la incertidumbre.

Para transformar esta realidad, primero debemos reconocer la lógica obsoleta en su núcleo. Nuestras estructuras educativas nunca fueron diseñadas para fomentar la creatividad o la innovación genuina. Comprender claramente este contexto histórico es esencial antes de poder rediseñar de manera reflexiva e intencional las escuelas como espacios que reflejen las realidades sociales y cívicas actuales.

LA ACCIÓN SIGNIFICATIVA REQUIERE PENSAMIENTO CRÍTICO

No todos los actos de disrupción generan un cambio significativo. Para que cualquier intervención tenga un impacto duradero, debe surgir de una comprensión reflexiva. Romper las reglas sin saber primero por qué existen puede conducir a la confusión en lugar de la transformación (Biesta, 2013). Para preparar a los estudiantes para cuestionar de forma efectiva los sistemas obsoletos, debemos cultivar la habilidad crítica de la metacognición, o «pensar sobre el propio pensamiento» (véase, en particular, Mezirow, 1997).

Antes de interrumpir los sistemas, los aprendices necesitan herramientas para pensar de manera crítica y reflexiva. Prácticas como investigaciones dirigidas por estudiantes, diálogo en el aula y toma de decisiones participativa ayudan a desarrollar la comprensión necesaria para una acción intencional.

Las aulas pueden fomentar la conciencia crítica a través del cuestionamiento colaborativo, el diálogo reflexivo y las investigaciones impulsadas por los estudiantes. Por ejemplo, cuando los estudiantes analizan cómo las políticas de calificación afectan la motivación, o cómo los horarios de clase influyen en el bienestar, los sistemas abstractos se vuelven tangibles y la reforma se vuelve posible.

De manera similar, incorporar la toma de decisiones democrática en las aulas y escuelas brinda a los estudiantes oportunidades reales para practicar la responsabilidad colectiva (Kahne & Westheimer, 2003). Cuando los aprendices debaten activamente políticas, proponen reformas y experimentan de primera mano las complejidades de la construcción de consensos, pasan de la crítica abstracta a la participación práctica y con propósito. Juntas, la metacognición y el pensamiento crítico construyen el puente entre la conciencia y la acción, ofreciendo a los aprendices la claridad para comprender las reglas y el valor para imaginar algo mejor.

DESOBEDIENCIA INTENCIONADA: DISEÑANDO DISRUPCIONES SIGNIFICATIVAS

Cuando los estudiantes y educadores desarrollan una comprensión clara y crítica de sus sistemas educativos, están preparados para interrumpir esos sistemas de manera intencionada. La desobediencia propositiva es una transgresión intencional de las reglas fundamentada en la reflexión, la comprensión y la consideración cuidadosa. Se diferencia claramente de la rebeldía o el caos porque surge de la claridad sobre lo que necesita cambiarse y por qué.

El líder de derechos civiles y congresista estadounidense John Lewis alentó célebremente a hacer "buenos problemas", actos cuidadosamente considerados de resistencia contra sistemas injustos. Aplicar este concepto a la educación revela ejemplos poderosos en los que estudiantes y educadores han desafiado reflexivamente el *statu quo* para lograr mejoras significativas.

Considere a los estudiantes que han cuestionado planes de estudio sesgados, abogando con éxito por programas más inclusivos que destaquen perspectivas diversas y voces previamente marginadas. En Estados Unidos y en otros lugares, estudiantes de secundaria han solicitado a los distritos la inclusión de literatura que represente un espectro más amplio de experiencias, enriqueciendo significativamente las conversaciones educativas.

Los educadores también han practicado la desobediencia propositiva. Muchos docentes han dejado de lado la calificación convencional para adoptar retroalimentación narrativa y evaluaciones por portafolio, enfocándose en el crecimiento genuino del estudiante en lugar de puntuaciones numéricas (Wiliam, 2011; Darling-Hammond & Snyder, 2000). Aunque al principio estas transformaciones encontraron resistencia, a menudo han fomentado una mayor participación, motivación intrínseca y confianza en el aula (Shepard, 2000; Reeve, 2012; Deci & Ryan, 1985).

Las propias escuelas pueden encarnar la desobediencia propositiva. Instituciones orientadas a la innovación como High Tech High (Estados Unidos) y Lumiar (Brasil) cuestionan activamente las estructuras tradicionales, reemplazando los planes de estudio estandarizados por proyectos co-diseñados por estudiantes y experiencias de aprendizaje basadas en la comunidad. Estas escuelas demuestran que desafiar reflexivamente las convenciones educativas puede conducir a mayor creatividad, innovación y agencia estudiantil.

Estos ejemplos tienen éxito precisamente porque sus disrupciones están fundamentadas en la reflexión cuidadosa, no en la reacción. La desobediencia propositiva es, en última instancia, un acto de cuidado, responsabilidad y compromiso cívico, diseñado para crear mejores resultados tanto para los estudiantes como para las comunidades. Reconoce que algunas reglas ya no cumplen su propósito original, y que cuestionarlas es necesario para una evolución educativa significativa.

Lejos de simplemente desafiar la autoridad, la desobediencia propositiva asume la responsabilidad colectiva, utilizando la disrupción reflexiva para construir sistemas educativos más humanos, equitativos y receptivos.

DE LOS ACTOS INDIVIDUALES A LOS CAMBIOS SISTÉMICOS

Los actos individuales de desobediencia propositiva pueden encender cambios significativos, pero los esfuerzos aislados rara vez transforman sistemas arraigados. Para lograr un impacto duradero, las disrupciones intencionadas deben conectarse, amplificarse entre sí e integrarse en culturas educativas más amplias.

Las escuelas comprometidas con la transformación genuina deben cultivar intencionadamente entornos donde la crítica y el cuestionamiento reflexivo sean celebrados en lugar de reprimidos (Westheimer & Kahne, 2004). Foros abiertos, consejos consultivos estudiantiles, grupos de indagación dirigidos por educadores y diálogos comunitarios crean espacios seguros y estructurados para conversaciones significativas sobre lo que la educación debe lograr y cómo las reglas existentes apoyan u obstaculizan esos objetivos.

El desarrollo profesional debe ir más allá de la pedagogía y enseñar la facilitación de la disrupción (Senge et al., 2012). Más allá de las técnicas de instrucción, los educadores necesitan formación en la facilitación de procesos de cambio, el apoyo a iniciativas lideradas por estudiantes y el fomento de la reflexión metacognitiva. Al volverse cómodos con la incertidumbre y hábiles en guiar la disrupción reflexiva, los docentes se convierten en líderes del cambio que inspiran y sostienen la innovación.

Reconocer y recompensar la innovación, incluso cuando desafía las normas establecidas, es fundamental. El reconocimiento público, la inclusión de prácticas innovadoras en las políticas escolares oficiales y los recursos dedicados a la experimentación indican que el cuestionamiento reflexivo es valorado. Este cambio cultural refuerza la idea de que la desobediencia propositiva es un ejercicio de liderazgo responsable orientado a la mejora de los resultados.

Finalmente, el cambio educativo debe alinearse con movimientos sociales más amplios que promuevan la participación democrática, la justicia social y la sostenibilidad. Las escuelas son espejos de sus comunidades; por lo tanto, la desobediencia propositiva dentro de la educación puede contribuir significativamente al progreso social. Cuando la reforma educativa se conecta con movimientos más amplios por la equidad y la sostenibilidad, adquiere un propósito más profundo y un impacto más amplio. Esto incluye ampliar la rebelión a sindicatos docentes, alianzas estudiantiles y actores políticos, cada uno capaz de actuar en su ámbito para lograr cambios sistémicos.

Al fomentar actos reflexivos y propositivos de desobediencia, las escuelas preparan a los estudiantes para moldear de manera reflexiva y activa una sociedad más equitativa y justa.

AHORA QUE SABEMOS *POR QUÉ*, ADELANTE, ROMPE LAS REGLAS

La transformación duradera no comienza con la rebelión, sino con la reflexión. Los agentes de cambio deben conocer las reglas lo suficientemente bien como para reescribirlas con claridad y propósito.

Este proceso requiere un diálogo continuo: cuestionar a quién sirven las reglas actuales, explorar quién se beneficia o sufre con el cumplimiento, e imaginar posibilidades más equitativas y humanas. Los estudiantes y educadores deben tener la agencia para formular estas preguntas críticas y también para actuar de manera decisiva sobre sus respuestas.

Si realmente aspiramos a educar para el futuro, debemos cultivar y acoger a disruptores reflexivos que comprendan las reglas lo suficientemente bien como para desafiarlas y reescribirlas con propósito. La rebelión reflexiva es un acto de valentía e imaginación. Es una invitación a ir más allá de la obediencia y hacia la creatividad colectiva.

Rompe las reglas... pero solo después de aprender cómo fueron construidas y para quién fueron construidas. Luego, construye algo más valiente. Algo más audaz. Algo más justo.

24

El activismo como aprendizaje: Cuando los estudiantes le enseñan una lección al sistema

¿Y si viéramos el activismo no como la expresión más auténtica del aprendizaje? Los estudiantes aprenden más al alzar la voz que al levantar la mano. Cuando organizan protestas, lanzan proyectos de ayuda mutua o dicen la verdad al poder, se sumergen en su aprendizaje. Sin embargo, las escuelas rara vez reconocen estos momentos como educación. Cuando los estudiantes organizan redes de ayuda mutua o realizan huelgas, los adultos a menudo los ven como distracciones del aprendizaje, no como demostraciones del mismo.

Con demasiada frecuencia, las instituciones tratan el activismo como una amenaza al orden en lugar de una forma de alfabetización cívica. Esta marginación refleja aversión al riesgo y una incomodidad más profunda con el poder estudiantil. Cuando los jóvenes dicen la verdad a los sistemas, exponen contradicciones entre lo que las escuelas dicen enseñar (por ejemplo, pensamiento crítico, participación democrática) y lo que a menudo exigen: cumplimiento absoluto.

El activismo crea condiciones para lo que Freire (1970) llamó conscientização (despertar a través de la reflexión y la acción), un proceso dialógico de desarrollo de la conciencia crítica mediante la reflexión y la praxis. Mientras Freire critica los modelos pasivos de "educación bancaria", Dewey (1938) sostiene que todo aprendizaje genuino debe surgir de la experiencia vivida. Lave y Wenger (1998) van más allá al enmarcar el aprendizaje como participación en comunidades de práctica, donde la identidad y el conocimiento coevolucionan a través del compromiso. El activismo, en este sentido, se convierte en un ejemplo de aprendizaje experiencial y un modelo de indagación comunitaria orientada a la justicia.

El activismo no necesita ser considerado un desvío del aprendizaje. Donde Freire exige acción crítica, Dewey sitúa el crecimiento en la indagación del mundo real. Juntos, no enmarcan el activismo como una disrupción, sino como la forma más profunda de aprendizaje y su expresión más urgente. Y como sugiere la teoría de comunidades de práctica de Lave y Wenger (1998), el aprendizaje real echa raíces cuando las personas se comprometen de manera significativa con otros en torno a objetivos y desafíos compartidos. El activismo es una de esas comunidades: relacional, improvisada y profundamente situada.

De *Manifesto 25*:

> ***El activismo es un espacio donde el desaprendizaje prospera.*** *Ya sea mediante la desobediencia civil no violenta, protestas en las calles, demostraciones artísticas o resistencia performativa, el activismo desafía el* **statu quo** *y reconstruye desde sus cimientos. Enseña resiliencia, autonomía y el valor para enfrentar sistemas rotos, incluida la educación misma. Los educadores deben adoptar el activismo como una herramienta fundamental de aprendizaje, transformando a los aprendices pasivos en participantes activos en la construcción del mundo.*

Debemos dejar de ver el activismo como un ámbito complementario del aprendizaje y reconocerlo como un marco pedagógico en sí mismo, que integra praxis, reflexión y acción con alfabetización emocional y cívica.

El activismo cultiva la urgencia, el juicio y la profundidad emocional. Estas son capacidades que las escuelas a menudo tienen dificultades para fomentar. Transforma al aprendiz de espectador a participante, de absorber contenido a moldear el contexto. Si queremos que los jóvenes imaginen futuros mejores, debemos permitirles desafiar los sistemas que bloquean el camino.

Por supuesto, el activismo como pedagogía no está exento de críticas. No todos los movimientos liderados por estudiantes tienen éxito. Las dinámicas de poder entre jóvenes y adultos pueden limitar el diálogo. Y para los estudiantes marginados, la participación cívica puede conllevar mayores riesgos. Sin embargo, estos desafíos son razones para integrarlo de manera reflexiva, prestando atención a la seguridad, la reflexión y el contexto.

EL TRABAJO DE APRENDIZAJE DEL ACTIVISMO

El activismo comienza cuando los jóvenes deciden alzar la voz, intervenir u organizarse por algo mejor. Esa decisión marca un acto poderoso de agencia, y el aprendizaje que sigue fluye directamente de ella.

Al involucrarse en el activismo, los estudiantes ingresan en un proceso de descubrimiento que ellos mismos dirigen para enfrentar la injusticia. Plantean las preguntas que importan, desafían supuestos erróneos y experimentan con estrategias para navegar la complejidad. El activismo se convierte en un aprendizaje cívico en el que los aprendices diseñan y lideran el cambio que buscan.

Este aprendizaje se desarrolla en tiempo real y bajo presión real. Organizar una huelga requiere coordinación, mensajes persuasivos, alfabetización mediática y asumir riesgos emocionales. Crear un mural público exige investigación histórica, juicio estético y negociación con los actores involucrados. Escribir una carta abierta requiere un tono estratégico, razonamiento ético y defensa basada en evidencia. Ocupar un edificio escolar para protestar por la falta de fondos o políticas injustas se convierte en una lección inmersiva sobre derecho, dinámicas de poder, resistencia y toma de decisiones colectiva. Cada paso refuerza la sensación de que las decisiones de los estudiantes tienen peso.

Más importante aún, los estudiantes impulsan este aprendizaje por sí mismos. Nadie asigna la protesta. Ninguna rúbrica califica la coalición. Actúan por convicción porque los problemas que enfrentan son vividos, locales y urgentes, no hipotéticos o lejanos.

La investigación sobre compromiso cívico y acción participativa juvenil muestra que este tipo de activismo autodirigido desarrolla competencias duraderas como una forma de investigación-acción (Cammarota & Fine, 2008). Fortalece la agencia, fomenta la conciencia crítica y cultiva la persistencia para mantenerse involucrado incluso cuando el cambio parece lento o incierto. Estas son las disposiciones que los jóvenes necesitan para prosperar en democracias, resolver problemas complejos y construir futuros más justos.

Las escuelas no pueden guionizar este tipo de crecimiento, pero sí pueden fomentarlo. Los educadores pueden reconocer el activismo como una forma válida de aprendizaje, ayudar a los estudiantes a analizar sus experiencias y vincularlas con sistemas e ideas más amplias. Pueden cambiar la pregunta de "¿Qué tarea completaste?" a "¿Qué cambio lograste en el mundo?"

Cuando los estudiantes se organizan, cuestionan, resisten y reinventan, participan en uno de los aprendizajes más profundos disponibles, conectados con su poder para transformar el mundo.

EL ACTIVISMO COMO FUENTE DE RESILIENCIA Y PERTENENCIA

A través de acciones como *die-ins*, redes de ayuda mutua y bibliotecas clandestinas, los estudiantes demuestran dominio de la estrategia mediática, la construcción de coaliciones y el cuidado radical. Estas son capacidades desarrolladas mediante un aprendizaje corporal e improvisado. Curan narrativas, gestionan logística, interpretan la ley, colaboran bajo presión y hablan con claridad moral en situaciones reales.

Ningún examen prepara a los estudiantes para estas acciones. Ningún currículo las contiene por completo. Sin embargo, el aprendizaje es profundo. Los estudiantes afinan la estrategia, negocian conflictos y refinan valores mediante la prueba, la iteración y el cuidado. Se convierten en aprendices y líderes al mismo tiempo.

Por supuesto, integrar el activismo en la práctica educativa plantea preguntas éticas, como: *¿cómo pueden los educadores apoyar el cambio liderado por los estudiantes sin imponer una ideología?* La respuesta está en cultivar los hábitos de indagación cívica, análisis de sistemas y reflexión que sustentan la acción con principios. Apoyar la agencia estudiantil requiere coraje pedagógico. En esto, los educadores tienen un papel como guías. Pueden preguntar: *¿Qué estás aprendiendo de esto? ¿Qué sigue? ¿Cómo se conecta esto con quienes vinieron antes que tú?*

En todo el mundo, los estudiantes ya lideran. En Kerala, combinan sabiduría ecológica con activismo digital. En Santiago, interrumpen los sistemas de transporte para protestar contra la desigualdad. En Minneapolis, estudiantes y personal construyen un currículo no prescrito a partir del duelo comunitario. Esto es educación real.

Cuando los estudiantes actúan por el cambio, aprenden cómo estar presentes para otros, cómo apoyar sus valores y cómo construir los futuros que se atreven a imaginar. Como argumenta Kirshner (2009), el activismo juvenil proporciona un contexto único para desarrollar la identidad cívica, donde los jóvenes comprenden la mecánica del poder y practican influir en él. Al organizar campañas, negociar con adultos y movilizar a sus pares, los estudiantes adquieren experiencia práctica en liderazgo, toma de decisiones colectiva y comunicación estratégica. Estas actividades cultivan un sentido más profundo de pertenencia y eficacia personal. Los estudiantes llegan a verse a sí mismos como aprendices dentro de un sistema y como agentes capaces de transformarlo. El aprendizaje que surge del activismo es tanto social como formativo: fomenta la solidaridad, fortalece la resolución de problemas e integra a los jóvenes en comunidades de práctica donde los valores se ponen a prueba, se adaptan y se ponen en práctica en tiempo real.

Si queremos que los estudiantes construyan futuros mejores, debemos darles espacio para cuestionar el presente y el poder para cambiarlo. El activismo completa la experiencia educativa. *¿Y si las escuelas no solo toleraran el activismo juvenil, sino que también aprendieran de él? ¿Y si la educación misma se convirtiera en un acto de liberación?*

25
Cuestiona todo

nuestra era definida por la incertidumbre radical, uno de los deberes principales de la educación debería ser desarrollar nuestro coraje para cuestionar sin descanso. De lo contrario, nunca aprenderemos. Debemos ir más allá de simplemente interrogar los hechos que se nos presentan o las autoridades que los transmiten. Se requiere que examinemos todo, especialmente nuestras creencias más fundamentales, los marcos en los que confiamos y, de manera crítica, nuestros propios roles dentro de estos constructos. Sin tal introspección, la educación corre el riesgo de convertirse en una herramienta de conformidad en lugar de un catalizador para el entendimiento.

Nos encontramos en una encrucijada crucial, atrapados entre el colapso sistémico y posibilidades sin precedentes. El auge de la inteligencia artificial desafía la propia naturaleza del conocimiento, obligándonos a reconsiderar qué significa ser humano, qué capacidades nos son propias y cómo definimos la inteligencia y la creatividad. Al mismo tiempo, el ritmo acelerado del colapso climático desmantela certezas largamente sostenidas, exponiendo la insuficiencia de los modelos tradicionales y exigiendo un pensamiento adaptativo que trascienda paradigmas obsoletos.

En medio de estos cambios, los paisajes políticos en todo el mundo se están endureciendo en regímenes autoritarios rígidos, donde se impone la conformidad y la disidencia se reprime. En tales entornos, los sistemas educativos que premian la obediencia y suprimen el pensamiento crítico se vuelven cómplices en el mantenimiento de la opresión. Educar en este contexto fomentando la aceptación pasiva conducirá a consecuencias negativas, ya que socava la agencia necesaria para que individuos y sociedades naveguen y sobrevivan a transformaciones profundas.

El mundo avanza más rápido de lo que la educación puede adaptarse. No tenemos tiempo para sistemas escolares disfrazados de fábricas de logros que producen réplicas del *statu quo*. Tales sistemas preparan a los aprendices para un mundo que ya no existe y para problemas que nunca se les pedirá resolver. Cuestionar no puede tratarse como una técnica de aula. Debe convertirse en un hábito cívico y una disciplina personal, practicada en cómo aprendemos, cómo enseñamos y cómo decidimos qué es un hecho. Así es como reclamamos la agencia.

De *Manifesto 25*:

> ***Cuestiona todo.*** *Empieza con este manifiesto. La aceptación ciega fomenta la complacencia. Como co-aprendices, debemos crear espacios seguros para evaluar críticamente todas las ideas, incluidas las que se presentan aquí. Al contribuir a una cultura de pensamiento crítico y diálogo abierto, se promueve el desarrollo de la autoconciencia y se capacita a las personas para contribuir a una evolución continua de cómo enseñamos y aprendemos.*

Las instituciones educativas convencionales operan como motores de estandarización. Aplauden la conformidad y castigan la audacia de la disrupción. La duda se convierte en enemiga, la diferencia en una desventaja. Bajo la bandera de la consistencia, borramos la belleza de la singularidad individual. En la búsqueda de la excelencia uniforme, aplanamos la diversidad. Este pacto para dejar de cuestionar es la forma en que los sistemas preservan su poder.

El acto de cuestionar nunca es puramente intelectual; exige valentía emocional. Desafiar nuestras creencias más profundas y exponer el terreno frágil bajo nuestras suposiciones implica enfrentar la incertidumbre en su forma más cruda. Por eso el manifiesto insiste en la necesidad de espacios seguros para la evaluación crítica: porque el verdadero cuestionamiento se desarrolla dentro de relaciones de confianza y vulnerabilidad. El coraje para cuestionar surge no solo de la razón, sino también de los sentimientos: duda, incomodidad, miedo y, a veces, dolor. La educación debe apoyar este proceso encarnado, reconociendo que la libertad intelectual es inseparable de la resiliencia emocional y el cuidado comunitario. La autoconciencia emerge cuando aprendemos a sostener la complejidad tanto en el corazón como en la mente.

Pero la educación, fundamentalmente, no debería tratarse de mantener el *statu quo*; debería tratarse de posibilitar la creación de lo que podría ser. La verdadera creación, la transformación auténtica, nunca es libre de fricciones. Requiere tensión, desacuerdo y el valor de abrazar la incertidumbre.

CUESTIONAR PARA APRENDER, DESAPRENDER Y REAPRENDER

Debemos derribar los muros asfixiantes de la educación y reconstruirla como una cultura de indagación audaz. Esto exige hacer espacio intencional para la incomodidad, la contradicción y las preguntas sin resolver. Necesitamos entornos de aprendizaje lo suficientemente valientes como para desafiar reglas convencionales, suposiciones dominantes y verdades aceptadas. Juntos, estudiantes y educadores deben desmantelar la sabiduría recibida, no solo para deconstruir sino para reconstruir significados más profundos y compartidos.

Cuestionar es embarcarse en el exigente viaje del desaprendizaje (Mezirow, 1991). La educación a menudo refuerza suposiciones, sesgos y normas tan profundamente arraigadas que se vuelven invisibles. El manifiesto nos desafía a descartar lo que ya no tiene valor, pero este descarte no es ni rápido ni fácil. Desaprender requiere esfuerzo deliberado, paciencia y apoyo para erradicar prejuicios interiorizados y paradigmas obsoletos (Mezirow, 1991; Brookfield, 2017). Es un proceso de hacer espacio, despejar el desorden mental y emocional para que puedan surgir nuevas formas de conocimiento más amplias. Este trabajo es vital para la indagación crítica genuina y para la autoconciencia que celebra el manifiesto. Sin desaprendizaje, el cuestionamiento corre el riesgo de quedarse en la superficie, atrapado por las mismas estructuras que busca desafiar.

El desaprendizaje es un proceso comunitario e iterativo. Requiere apoyo colectivo para desmantelar sesgos arraigados y resistir la atracción de narrativas cómodas. Los espacios de seguridad poco comunes se convierten en escenarios críticos donde las personas pueden enfrentar la opresión interiorizada y abrir caminos hacia nuevas formas compartidas de conocimiento.

Este esfuerzo es inherentemente político, profundamente incómodo y esencial. bell hooks (1994) nos recuerda que la verdadera educación es liberación, un acto de transgresión deliberada. Paulo Freire (1970) nos enseñó que los aprendices deben ser empoderados como agentes activos que construyen su propio conocimiento, no receptores pasivos de la agenda de otros. Educar críticamente es rechazar la dominación intelectual y afirmar el derecho (y la obligación) de cada individuo a interpretar el mundo de manera activa, crítica y colaborativa.

ENTONCES, CONCRETAMENTE, ¿CÓMO SE VE ESTA VIBRANTE CULTURA DEL CUESTIONAMIENTO?

Cuestionar rompe el molde del aprendizaje guionado. Surge cuando las personas recuperan el poder de redefinir qué y cómo aprenden, alejándose de ser consumidores pasivos para convertirse en co-creadores de sus propios recorridos intelectuales. Exige que los educadores abandonen la apariencia de certeza y, en cambio, se sitúen junto a los aprendices como exploradores, sin miedo a exponer dudas y enfrentarse a lo desconocido a plena vista.

Este proceso es desordenado, crudo y sin disculpas. Es altamente político. Florece donde las comunidades se niegan a guardar silencio ante realidades incómodas (por ejemplo, raza, poder, historia), no para conformarse con respuestas fáciles, sino para encender una confrontación honesta y una imaginación colectiva. Alimenta la capacidad de ver a través de la manipulación, desmontar mitos enseñados por las instituciones y crear nuevas comprensiones que desafían el *statu quo*.

Cuestionarlo todo es un acto radical y, a menudo, arriesgado. Desestabiliza el poder, interrumpe la comodidad y amenaza intereses arraigados. La invitación del manifiesto a comenzar cuestionándose a sí mismo es un gesto profundo de humildad y un reconocimiento de los peligros inherentes a la apertura intelectual. Para aprendices y educadores por igual, la decisión de cuestionar puede significar enfrentar resistencia, exclusión o algo peor. Reconocer esta realidad no es desalentar la indagación, sino llamar a la resiliencia y la solidaridad. Los espacios seguros se convierten no solo en lugares de comodidad, sino en zonas de desafío valiente donde el cuestionamiento se sostiene frente a presiones sociales y políticas. Educar críticamente, entonces, es construir comunidades que protejan y empoderen a quienes se atreven a hacer las preguntas difíciles.

Aquí, la educación es un experimento vivo en libertad, donde las mentes se abren y surgen nuevas posibilidades.

EN LUGAR DE CONCLUSIÓN ...

Esta cultura de indagación orientada a la mejora debe incluir nuestras propias obras, incluido el *Manifesto 25* mismo. Cuestione cada afirmación presentada aquí. Desafíe sus suposiciones. Descarte lo que resulte inadecuado. Recombine ideas que resuenen. Infúndale sus propias experiencias vividas, perspectivas frescas y nuevos conocimientos emergentes. Comience en los márgenes y luego profundice. Los textos nunca deben tratarse como sagrados o intocables. Son instantáneas, hechas con los mejores mecanismos de narración disponibles en el momento. Su verdadero valor reside en ser cuestionados, reformulados y apropiados activamente por quienes desean construir un mundo mejor.

Cuestionar, después de todo, es fundamentalmente creativo. Es un acto intelectual, a menudo cargado políticamente, inevitablemente disruptivo y, en última instancia, generativo. Cuestionar nos prepara para lo desconocido y nos permite avanzar hacia nuevas posibilidades al interrumpir narrativas que protegen el poder y crear espacios para nuevas historias que reflejen experiencias diversas y el futuro. Esta transformación narrativa es tanto un acto de liberación como una base para imaginar y construir posibilidades alternativas.

Al cuestionar, afirmamos la propiedad colectiva de nuestros futuros compartidos. Esa propiedad implica la responsabilidad de imaginar, construir y transformar colaborativamente nuestro mundo, como arquitectos activos de lo que está por venir. Nuestros futuros no están ahí para que otros los diseñen. Son nuestros.

Comienza haciendo preguntas más agudas y valientes. Luego, crea colaborativamente respuestas dignas de ellas. Nuestros futuros esperan.

CAHIER CINCO

Comunidades construyendo nuevos futuros

ENMARCANDO

Los principios finales de Manifesto 25 enfatizan que la educación no es un diseño terminado, sino una provocación viva. El manifiesto no ofrece un plano. Invita a lectores y comunidades a tomar lo que resuene, descartar lo que no y crear sus propios compromisos. Esta apertura refleja una verdad más profunda: el cambio en la educación es colectivo. Sucede cuando las comunidades se organizan, resisten la contención y experimentan con nuevas formas de aprender juntas.

En todo el mundo, tales movimientos ya existen. Algunos son formales, como redes de escuelas democráticas o universidades comunitarias. Otros surgen de manera informal, en círculos de aprendizaje de base, redes de ayuda mutua o colaboraciones digitales. Lo que comparten es la negativa a aceptar la educación como algo impuesto desde arriba. Tratan la educación como supervivencia y libertad, como una forma de cultivar agencia frente a la crisis.

Estos movimientos resaltan la importancia de la comunidad en la construcción de futuros. Aprender rara vez es un acto individual; depende de relaciones, recursos compartidos y imaginación colectiva. Las comunidades transmiten conocimiento, preservan tradiciones y construyen nuevas prácticas. También exigen cuentas a las instituciones cuando la educación se desvía de su propósito. Cuando las comunidades reclaman la educación como propia, la redefinen como un bien común y no como un servicio a consumir.

Esta orientación es vital en una era marcada por la inestabilidad. El cambio climático, la política autoritaria y la disrupción tecnológica desafían la capacidad de los sistemas centralizados para responder eficazmente. Las comunidades a menudo ven los problemas primero y sienten sus efectos de manera más directa. También están en posición de generar soluciones específicas para su contexto. Cuando las escuelas se alinean con las luchas comunitarias por la justicia, la sostenibilidad y la inclusión, contribuyen a la resiliencia en lugar de perpetuar la vulnerabilidad.

Hacer propia la educación requiere valentía. Implica cuestionar prácticas arraigadas, romper con lógicas que sirven al poder e imaginar alternativas. Exige que los docentes salgan de los guiones, que los estudiantes reclamen agencia y que los padres exijan relevancia. Pide a los responsables de políticas que escuchen a quienes más se ven afectados y no solo a los más poderosos. Tales acciones rara vez son cómodas, pero son necesarias si la educación quiere recuperar la confianza y la legitimidad.

La invitación final de *Manifesto 25* es actuar: defender lo que importa, retirar lo que ya no sirve y construir lo que falta. Cada persona y comunidad responderá de manera diferente. Para algunas, puede significar establecer un consejo estudiantil con verdadero poder de decisión. Para otras, puede implicar integrar la sostenibilidad en todos los aspectos de la vida escolar. Para otras más, puede significar rechazar las pruebas estandarizadas y adoptar formas auténticas de evaluación. El objetivo no es la conformidad, sino la creatividad.

La educación se vuelve poderosa cuando se recupera como una práctica de libertad. Esto no significa libertad de la responsabilidad, sino libertad (y responsabilidad) para actuar con propósito. Las comunidades que se apropian de la educación demuestran que los futuros pueden ser moldeados, no solo esperados. El trabajo nunca termina, pero siempre es posible.

Este quinto Cahier te invita a considerar lo que significa hacer tuya la educación. Te pide reflexionar sobre lo que deseas defender, lo que estás listo para dejar atrás y lo que estás preparado para crear. Estas no son preguntas abstractas. Son decisiones que moldean vidas, comunidades y generaciones.

PREGUNTAS PARA LA REFLEXIÓN

1. **Resonancia y rechazo.** ¿Qué principios de *Manifesto 25* deseas defender con mayor fuerza? ¿Cuáles rechazas o sientes la necesidad de reescribir? ¿Por qué?
2. **Hacer propio el manifiesto.** Si escribieras tu propio manifiesto de tres puntos para la educación, ¿qué diría? ¿A quién serviría y a quién desafiaría?
3. **Lucha y cambio.** ¿Cómo se ve "luchar por el cambio" en tu contexto (práctico, ético y colectivo)? ¿Qué riesgos estás dispuesto a asumir y qué límites no estás dispuesto a cruzar?
4. **La comunidad como poder.** ¿Dónde has visto que las comunidades transformen la educación desde abajo? ¿Qué lecciones puedes tomar de ellas para tu propia aula, escuela o barrio?
5. **Defender / descartar / crear.** ¿Qué prácticas en tu entorno de aprendizaje deben ser defendidas a toda costa? ¿Cuáles deberían abandonarse ya? ¿Qué falta que estás listo para construir?

Intenta esto

Redacta un mini-manifiesto (3-5 puntos) para tu aula, escuela o comunidad. Compártelo con al menos un grupo o compañero. Revísenlo juntos y dejen que oriente una decisión real en las próximas semanas.

Notes

Ahora

Escribe tu propio manifiesto

MY MANIFESTO ♡

MY MANIFESTO♡

MY MANIFEST♡

MY MANIFESTO

MY MANIFESTO♡

my MANIFESTO

my MANIFESTO

my MANIFESTO

MY MANIFESTO

MY MANIFESTO♡

CONTINUEMOS

El proceso de construir una rebelión positiva no termina aquí. Escanea el código QR para acceder a un complemento en línea con recursos alineados a cada capítulo. Esta colección evoluciona con el tiempo, incorporando investigaciones, casos y herramientas prácticas para que puedas seguir aprendiendo, enseñando y experimentando más allá de lo que cabe en la versión impresa.

¡Explora el complemento en línea para acceder a los recursos!

Referencias y lecturas adicionales

1EdTech. (n.d.). *Open badges.* https://openbadges.org

Anderson, J., & Winthrop, R. (2025). *The disengaged teen: Helping kids learn better, feel better, and live better.* Penguin Random House.

Apple, M. W. (2004). *Ideology and curriculum* (3rd ed.). Routledge.

Apple, M. W. (2006). *Educating the right way: Markets, standards, God, and inequality.* Routledge.

Au, W. (2009). *Unequal by design: High-stakes testing and the standardization of inequality.* Routledge.

Ball, S. J. (2003). The teacher's soul and the terrors of performativity. *Journal of Education Policy, 18*(2), 215–228. https://doi.org/10.1080/0268093022000043065

Banco Mundial. (2025, 5 de febrero). *EVOKE: Transforming education to empower youth.* https://www.worldbank.org/en/topic/edutech/brief/evoke-an-online-alternate-reality-game-supporting-social-innovation-among-young-people-around-the-world

Bandura, A. (1997). *Self-efficacy: The exercise of control.* W. H. Freeman.

Barron, B. (2006). Interest and self-sustained learning. *Human Development, 49*(4), 193–224.

Biesta, G. (2010). *Good education in an age of measurement.* Paradigm.

Biesta, G. (2013). *The beautiful risk of education.* Routledge.

Bransford, J. D., Brown, A. L., & Cocking, R. R. (Eds.). (2000). *How people learn: Brain, mind, experience, and school.* National Academies Press.

Brookfield, S. D. (2017). *Becoming a critically reflective teacher* (2nd ed.). Jossey-Bass.

Brown, B. (2021). *Atlas of the heart: Mapping meaningful connection and the language of human experience.* Random House.

Brown, J., & Duguid, P. (2000). *The social life of information.* Harvard Business School Press.

Brynjolfsson, E., & McAfee, A. (2014). *The second machine age.* Norton.

Cammarota, J., & Fine, M. (2008). *Revolutionizing education: Youth participatory action research in motion.* Routledge.

Carlin, G. (2005). *Life is worth losing.* https://georgecarlin.com/shop/life-worth-losing/

Chief, D. (2017). *The present and future of land-based education in Treaty #3.* University of Victoria. https://journals.uvic.ca/index.php/winhec/article/view/18565/7901

Cobo, C., & Moravec, J. W. (2011). *Aprendizaje invisible: Hacia una nueva ecología de la educación.* Publicacions i Edicions de la Universitat de Barcelona.

Cochran-Smith, M., & Lytle, S. L. (2009). *Inquiry as stance: Practitioner research for the next generation.* Teachers College Press.

Cognitive bias codex. (n.d.). *Cognitive bias codex* [Graphic]. https://upload.wikimedia.org/wikipedia/commons/6/65/Cognitive_bias_codex_en.svg

Cuban, L. (2018). The flight of a butterfly or the path of a bullet? *American Journal of Education, 124*(2), 195–218.

Davenport, T. H. (1998). *Working knowledge: How organizations manage what they know.* Harvard Business School Press.

Darling-Hammond, L. (2004). From "separate but equal" to "No Child Left Behind": The collision of new standards and old inequalities. En D. Meier (Ed.), *Many children left behind: How the No Child Left Behind Act is damaging our children and our schools* (pp. 3–32). Beacon Press.

Darling-Hammond, L. (2010). *The flat world and education.* Teachers College Press.

Darling-Hammond, L., & Cook-Harvey, C. M. (2018). *Educating the whole child: Improving school climate to support student success.* Learning Policy Institute. https://learningpolicyinstitute.org/product/educating-whole-child-brief

Darling-Hammond, S., Fronius, T., Sutherland, H., Guckenburg, S., Petrosino, A., & Hurley, N. (2020). *Restorative justice in U.S. schools: An updated research review.* WestEd.

Darling-Hammond, L., & Snyder, J. (2000). Authentic assessment of teaching in context. *Teaching and Teacher Education, 16*(5–6), 523–545.

Deci, E. L., & Ryan, R. M. (1985). *Intrinsic motivation and self-determination in human behavior.* Plenum Press.

DeLapp, P. R. (2008). *Curriculum policy, controversy, and change: Minnesota's profile of learning, 1993 to 2003* (Tesis doctoral). University of Minnesota. https://hdl.handle.net/11299/47727

Deleuze, G., & Guattari, F. (1987). Introduction: Rhizome. En *A thousand plateaus: Capitalism and schizophrenia* (Vol. 2, pp. 3–25). University of Minnesota Press.

Dewey, J. (1938). *Experience and education.* Macmillan.

Digital Promise. (2024, August 14). *A new approach to digital equity: A framework for states and schools.* https://digitalpromise.org/2024/08/14/a-new-approach-to-digital-equity-a-framework-for-states-and-schools/

Dijk, J. van (2020). *The digital divide.* Polity.

Downes, S. (2012). *Connectivism and connective knowledge: Essays on meaning and learning networks.* National Research Council Canada.

Downes, S. (2022). Connectivism. *Asian Journal of Distance Education, 17*(1). https://asianjde.com/ojs/index.php/AsianJDE/article/view/623

Drucker, P. F. (1993). The rise of the knowledge society. *The Wilson Quarterly, 17*(2), 52–72.

Durlak, J., Weissberg, R., Dymnicki, A., Taylor, R., & Schellinger, K. (2011). The impact of enhancing students' social and emotional learning. *Child Development, 82*(1), 405–432.

Dweck, C. S. (2006). *Mindset: The new psychology of success.* Random House.

Ertmer, P. A., & Ottenbreit-Leftwich, A. T. (2010). Teacher technology change: How knowledge, confidence, beliefs, and culture intersect. *Journal of Research on Technology in Education, 42*(3), 255–284.

EUDEC. (2023). *EUDEC guidance document.* https://eudec.org/about-us/guidance-document/

Falk, J. H., & Dierking, L. D. (2018). *Learning from museums* (2nd ed.). Rowman & Littlefield.

Fielding, M., & Moss, P. (2011). *Radical education and the common school.* Routledge.

Freire, P. (1970). *Pedagogy of the oppressed.* Herder and Herder.

Freire, P. (1994). *Pedagogy of hope: Reliving Pedagogy of the Oppressed* (R. R. Barr, Trans.). Continuum. (Original work published 1992)

Fromm, E. (1992). *The art of being.* Continuum.

Fullan, M. (2018). *Nuance: Why some leaders succeed.* Corwin.

Fullan, M., & Hargreaves, A. (2012). *Professional capital: Transforming teaching in every school.* Teachers College Press.

Fullan, M., Quinn, J., & McEachen, J. (2018). *Deep learning: Engage the world, change the world.* Corwin.

Gay, G. (2018). *Culturally responsive teaching* (3rd ed.). Teachers College Press.

Gladstone, B. (Producer). (1998, November 30). The science in science fiction [Radio broadcast episode]. In *Talk of the Nation*. National Public Radio. https://www.npr.org/2018/10/22/1067220/the-science-in-science-fiction

Gray, P. (2013). *Free to learn: Why unleashing the instinct to play will make our children happier, more self-reliant, and better students for life.* Basic Books.

Gray, P. (2023). *Self-directed education: Unschooling and democratic schooling.* Oxford University Press. https://doi.org/10.1093/acrefore/9780190264093.013.80

Greenberg, D. (1992). *Free at last: The Sudbury Valley School.* Sudbury Valley School Press.

Gregory, A., Clawson, K., Davis, A., & Gerewitz, J. (2016). The promise of restorative practices. *Journal of Educational and Psychological Consultation, 26*(4), 325–353.

Gregory, A., & Evans, K. R. (2020). *The starts and stumbles of restorative justice in education: Where do we go from here?* National Education Policy Center.

Guan, H., Horan, J., & Zhang, A. (2025, January 27). *Guardians of forensic evidence: Evaluating analytic systems against AI-generated deepfakes.* National Institute of Standards and Technology. https://doi.org/10.6028/NIST.PUB.959128

Harris, D. (2016). Rhizomatic education and Deleuzian theory. *Open Learning: The Journal of Open, Distance and e-Learning, 31*(3), 219–232.

Hartkamp-Bakker, C., & Martens, R. (2024). True choice and taking ownership of life: A qualitative study into self-determination in Sudbury model schools. *On the Horizon, 32*(2/3), 130–144. https://doi.org/10.1108/OTH-03-2024-0008

Holt, J. (1967). *How children learn.* Pitman.

Holt, J. (1970). *Freedom and beyond.* E. P. Dutton.

Hooks, b. (1994). *Teaching to transgress: Education as the practice of freedom.* Routledge.

HolonIQ. (n.d.). *Global learning landscape.* https://www.holoniq.com/global-learning-landscape

Hmelo-Silver, C. E. (2004). Problem-based learning: What and how do students learn? *Educational Psychology Review, 16*(3), 235–266.

Hursh, D. W. (2007). Assessing No Child Left Behind and the rise of neoliberal education reform. *American Educational Research Journal, 44*(3), 493–518.

Illich, I. (1971). *Deschooling society.* Harper & Row.

IPCC. (2023). *Climate change 2023: Synthesis report. Summary for policymakers.* Intergovernmental Panel on Climate Change. https://www.ipcc.ch/report/ar6/syr/

Ito, M., Gutiérrez, K., Livingstone, S., Penuel, B., Rhodes, J., Salen, K., ... & Watkins, S. C. (2013). *Connected learning: An agenda for research and design.* Digital Media and Learning Research Hub.

Johansen, B. (2020). *Full-spectrum thinking: How to escape boxes in a post-categorical future.* Berrett-Koehler Publishers.

Jones, S., Barnes, S., Bailey, R., & Doolittle, E. (2017). Promoting social and emotional competencies in elementary school. *Future of Children, 27*(1), 49–72.

Kahne, J., & Westheimer, J. (2003). Teaching democracy: What schools need to do. *Phi Delta Kappan, 84*(9), 34–40. https://doi.org/10.1177/003172170308500109

Kaplan, M. S. (2002). Intergenerational programs in schools: Considerations of form and function. *International Review of Education, 48*(5), 305–334. https://doi.org/10.1023/A:1021231713392

Kapur, M. (2016). Examining productive failure, productive success, unproductive failure, and unproductive success in learning. *Educational Psychologist, 51*(2), 289-299.

Kirshner, B. (2009). Power in numbers: Youth organizing as a context for exploring civic identity. *Journal of Research on Adolescence, 19*(3), 414–440. https://doi.org/10.1111/j.1532-7795.2009.00601.x

Kirschner, P. A., & De Bruyckere, P. (2017). The myths of the digital native and the multitasker. *Teaching and Teacher Education, 67,* 135–142. https://doi.org/10.1016/j.tate.2017.06.001

Klein, J. (2015). *Interdisciplining digital humanities: Boundary work in an emerging field.* University of Michigan Press.

Kohn, A. (2000). *The case against standardized testing: Raising the scores, ruining the schools.* Heinemann.

Koretz, D. (2017). *The testing charade.* University of Chicago Press.

Lave, J., & Wenger, E. (1998). *Communities of practice: Learning, meaning, and identity.* Cambridge University Press.

Leask, B. (2015). *Internationalizing the curriculum.* Routledge.

Linn, R. L. (2000). Assessments and accountability. *Educational Researcher, 29*(2), 4–16.

Luckin, R. (2018). *Machine learning and human intelligence.* UCL Press.

Lumina Foundation. (2022). *Solutions to build a 21st century connected credentialing system.* https://www.luminafoundation.org/resource/solutions-to-build-a-21st-century-connected-credentialing-system/

McIntyre, L. (2018). *Post-truth.* MIT Press.

Meadows, D. (2008). *Thinking in systems.* Chelsea Green.

Meier, D. (1995). *The power of their ideas: Lessons for America from a small school in Harlem.* Beacon Press.

Merton, R. K. (1938). Social structure and anomie. *American Sociological Review, 3*(5), 672–682. https://doi.org/10.2307/2084686

Mezirow, J. (1991). *Transformative dimensions of adult learning.* Jossey-Bass.

Mezirow, J. (1997). Transformative learning: Theory to practice. *New Directions for Adult and Continuing Education, 1997*(74), 5–12. https://doi.org/10.1002/ace.7401

Miller, R. (2015). Learning, the future, and complexity: An essay on the emergence of futures literacy. *European Journal of Education, 50*(4), 513–523. https://doi.org/10.1111/ejed.12157

Miller, R. (2018). *Transforming the future: Anticipation in the 21st century.* UNESCO.

Miller, R., Latham, B., & Cahill, B. (2016). *Humanizing the education machine: How to create schools that turn disengaged kids into inspired learners.* Wiley.

Mitra, D. (2018). Student voice in secondary schools. *Journal of Educational Administration, 56*(5), 473-487. https://dx.doi.org/10.1108/JEA-01-2018-0007

Moravec, J. W. (Ed.). (2013). *Knowmad Society.* Education Futures. https://educationfutures.com/publications/knowmad-society/

National Research Council. (1998). *High stakes: Testing for tracking, promotion, and graduation.* National Academies Press.

Neha, T., Reese, E., Schaughency, E., & Taumoepeau, M. (2020). The role of whānau (New Zealand Māori families) for Māori children's early learning. *Developmental Psychology, 56*(8), 1518–1531. https://doi.org/10.1037/dev0000835

Newman, S., & Hutton-Yeo, A. (2008). Intergenerational learning and the contributions of older people. *Ageing Horizons, 8,* 31–39.

Nietzsche, F. (1996). *Human, all too human: A book for free spirits* (R. J. Hollingdale, Trans.). Cambridge University Press. (Original work published 1878)

Nonaka, I., & Takeuchi, H. (1995). *The knowledge-creating company: How Japanese companies create the dynamics of innovation.* Oxford University Press.

Nouri, A., Tokuhama-Espinosa, T. N., & Borja, C. (2022). *Crossing mind, brain, and education boundaries*. Springer.

Nussbaum, M. (2011). *Creating capabilities*. Harvard University Press.

OCDE. (2016). *Teacher professionalism. Teaching in Focus* (No. 14). OECD Publishing. https://doi.org/10.1787/5jm3xgskpc40-en

OCDE. (2018). *The future of education and skills: Education 2030—The OECD learning compass 2030*. OECD Publishing. https://www.oecd.org/education/2030-project/

OCDE. (2020). *The future of education and skills: Education and skills 2030 (Final report)*. OECD Publishing. https://www.oecd.org/education/2030-project/

OCDE. (2021). *OECD skills outlook 2021: Learning for life*. OECD Publishing. https://www.oecd.org/en/publications/oecd-skills-outlook-2021_0ae365b4-en.html

Pantić, N., & Florian, L. (2015). Developing teachers as agents of inclusion and social justice. *Education Inquiry*, *6*(3). https://doi.org/10.3402/edui.v6.27311

Perkins, D. N. (1986). *Knowledge as design*. Lawrence Erlbaum Associates.

Polanyi, M. (1958). *Personal knowledge: Towards a post-critical philosophy*. University of Chicago Press.

Ravitch, D. (2010). *The death and life of the great American school system: How testing and choice are undermining education*. Basic Books.

Reeve, J. (2012). A self-determination theory perspective on student engagement. *Educational Psychologist*, *47*(2), 88–107.

Reich, R. B. (2020). *The system: Who rigged it, how we fix it*. Alfred A. Knopf.

Robinson, K. (2011). *Out of our minds*. Capstone.

Rogoff, B. (2003). *The cultural nature of human development*. Oxford University Press.

Sahlberg, P. (2015). *Finnish lessons 2.0: What can the world learn from educational change in Finland?* Teachers College Press.

Sawyer, R. K. (2012). *Explaining creativity*. Oxford University Press.

Scardamalia, M., & Bereiter, C. (2010). A brief history of knowledge building. *Canadian Journal of Learning and Technology*, *36*(1). https://doi.org/10.21432/T2QW2P

Selwyn, N. (2021). *Education and technology: Key issues and debates*. Bloomsbury.

Senge, P. (2006). *The fifth discipline*. Doubleday.

Senge, P. M., Cambron-McCabe, N., Lucas, T., Smith, B., & Dutton, J. (2012). *Schools that learn: A fifth discipline fieldbook for educators, parents, and everyone who cares about education* (Rev. ed.). Crown.

S**hepard, L. A. (2000).** The role of assessment in a learning culture. *Educational Researcher*, *29*(7), 4–14.

Shute, V., & Becker, B. (2010). *Innovative assessment for the 21st century*. Springer.

Siemens, G. (2005). Connectivism: A learning theory for the digital age. *International Journal of Instructional Technology and Distance Learning*, *2*(1), 3–10.

Siemens, G. (2007a). *The network is the learning* [Video]. YouTube. http://www.youtube.com/watch?v=rpbkdeyFxZw

Siemens, G. (2007b). Connectivism: Creating a learning ecology in distributed environments. *Didactics of microlearning. Concepts, discourses and examples*, 53-68. Waxmann.

Silaghi, D. L., & Popescu, D. E. (2025). A systematic review of blockchain-based initiatives in comparison to best practices used in higher education institutions. *Computers*, *14*(4), 141. https://doi.org/10.3390/computers14040141

Silberling, A. (2025, April 10). The US Secretary of Education referred to AI as "A1," like the steak sauce. *TechCrunch*. https://techcrunch.com/2025/04/10/the-us-secretary-of-education-referred-to-ai-as-a1-like-the-steak-sauce/

Stucki, P. (2010). *Māori pedagogy, pedagogical beliefs and practices in a Māori Tertiary Institution.* (Doctoral dissertation). Massey University.

Sustainable Development Solutions Network. (n.d.). *SDG 4: Quality education.* https://dashboards.sdgindex.org/map/goals/SDG4

Teacher Task Force. (n.d.). *Teacher Task Force.* https://teachertaskforce.org

Thomas, D., & Brown, J. S. (2011). *A new culture of learning: Cultivating the imagination for a world of constant change.* CreateSpace Independent Publishing Platform.

Tondeur, J., van Braak, J., Ertmer, P. A., & Ottenbreit-Leftwich, A. (2012). Preparing pre-service teachers to integrate technology in education: A synthesis of qualitative evidence. *Computers & Education, 59*(1), 134–144.

Tyack, D., & Cuban, L. (1995). *Tinkering toward utopia: A century of public school reform.* Harvard University Press.

UNESCO. (2019). *Embracing a culture of futures thinking.* United Nations Educational, Scientific and Cultural Organization. https://unesdoc.unesco.org/ark:/48223/pf0000374112

UNESCO. (2021). *Reimagining our futures together: A new social contract for education.* United Nations Educational, Scientific and Cultural Organization. https://doi.org/10.54675/ASRB4722

UNESCO. (2025, October 27). *Deepfakes and the crisis of knowing.* UNESCO. https://www.unesco.org/en/articles/deepfakes-and-crisis-knowing

Valenzuela, A. (1999). *Subtractive schooling: US-Mexican youth and the politics of caring.* State University of New York Press.

Vinge, V. (1993). The coming technological singularity: How to survive in the post-human era. *Whole Earth Review.* https://edoras.sdsu.edu/-vinge/misc/singularity.html

Vosoughi, S., Roy, D., & Aral, S. (2018). The spread of true and false news online. *Science, 359*(6380), 1146–1151.

Wang, P. C., Huang, J. W., & Lee, D. C. (2023). Participation in intergenerational food and agriculture education programs effectively promotes place attachment. *International Journal of Environmental Research and Public Health, 20*(5), 4616. https://doi.org/10.3390/ijerph20054616

Watters, A. (2021). *Teaching machines: The history of personalized learning.* MIT Press.

Wenger, E. (1998). *Communities of practice.* Cambridge University Press.

Wenger-Trayner, E., & Wenger-Trayner, B. (2020). *Learning to make a difference: Value creation in social learning spaces.* Cambridge University Press.

Westheimer, J., & Kahne, J. (2004). What kind of citizen? The politics of educating for democracy. *American Educational Research Journal, 41*(2), 237–269. https://doi.org/10.3102/00028312041002237

Wiliam, D. (2011). *Embedded formative assessment.* Solution Tree Press.

World Economic Forum. (n.d.). *Strategic intelligence: Discover.* https://intelligence.weforum.org/discover

World Economic Forum. (2024). *The global risks report 2024.* World Economic Forum.

World Economic Forum. (2025). *The future of jobs report 2025.* World Economic Forum. https://reports.weforum.org/docs/WEF_Future_of_Jobs_Report_2025.pdf

Zehr, H. (2015). *The little book of restorative justice.* Skyhorse.

Zhao, Y. (2009). *Catching up or leading the way: American education in the age of globalization.* ASCD.

Zhao, Y. (2012). *World class learners.* Corwin.

Zhao, Y. (2018). *What works may hurt: Side effects in education.* Teachers College Press.

Colofón

CONSTRUIR UNA REBELIÓN POSITIVA: CREAR NUEVOS FUTUROS EDUCATIVOS

Por John W. Moravec

Diseño del libro
Martine Eyzenga
diezijnvaardig.nl

Publicado por
Education Futures LLC, Minneapolis, Minnesota
educationfutures.com

Cita sugerida
Moravec, J. W. (2026). Construir una rebelión positiva: crear nuevos futuros educativos. Education Futures.

ISBN (edición impresa): 979-8-9948831-1-2

Declaración sobre el uso de IA
La IA generativa (ChatGPT-5.2) apoyó el proceso final de corrección de estilo al alinear el manuscrito con la guía de estilo y los estándares de publicación de Education Futures, y al asistir en la validación conceptual; el autor revisó todos los resultados y mantiene la plena responsabilidad sobre el texto final.

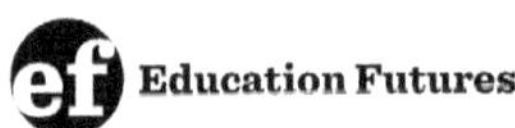

www.ingramcontent.com/pod-product-compliance
Lightning Source LLC
LaVergne TN
LVHW010641110826
845149LV00014B/2912

* 9 7 9 8 9 9 4 8 8 3 1 1 2 *